シリコンバレー式

最強の育て方

Most Effective Way of Nurturing Employee in Silicon Valley. One On One Meetings.

人材マネジメントの新しい常識 1on1《ワンオンワン》ミーティング

株式会社サーバントコーチ代表取締役
世古詞一
Seko Norikazu

かんき出版

１ｏｎ１ミーティングとは？

１ｏｎ１ミーティング（以下１ｏｎ１）とは、上司と部下による1対1の定期的な対話の時間です。**一般的な面談との大きな違いは「これは部下のための時間」だということです**。ですので、双方のコミュニケーションの場ではあるのですが、上司は時にカウンセラーのように部下の話を聞き、部下の状況や問題、関心事を把握します。そして時には、その場でアドバイスをして解決することを行う場です。結果として、**部下の気持ちがすっきりしたり、納得感を持ったり、次のチャレンジへ行動していこうとすることが最も重要なことです**。１ｏｎ１の頻度は、最低でも月1回。部下との関係構築ができていないうちは、私は月2回を推奨しています。そのくらいの頻度で関わることで変化が表れてきます。

はじめに

「部下がなかなか育たない」

「安心して任せていた優秀な部下が辞めてしまう」

「ちょっと厳しくするとすぐメンタルに支障が出る部下がいる」

「言われたことしかやらない部下ばかり。自分で考えて動かない」

「最近、チーム全体的に活気がない」


私は現在、企業の組織人事コンサルティングを行っています。日々、このような声を企業の人事の方や現場のマネジャーからたくさん聞き続けています。では、マネジャーはチームや部下に対して何もしていないのかと言うと、まったくそんなことはありません。チームの成果を出すために、事業や自社サービスをよく理解して、周囲との円滑なコミュニケーションを図りながら、残業をいとわずに一生懸命働いています。にもかかわらず、状況はあまり変わっていません。いやここ最近の傾向としては、むしろ**「優秀な部下」の思いもよらない退職**というのが増えています。それはいったいなぜでしょうか？

私は、ずばり、社会的背景が急激に変わってきているのに、「上司と部下のコミュニケーションの取り方が変わらないから」だと考えます。新入社員は、ゆとり世代などと呼ばれて資質が変わってきています。また、ハードな労働環境の会社はすぐに「ブラック企業」などと呼ばれてしまい、「働き方」に対する環境や個人の感覚も激変しています。さらに成果主義が終焉して、結果だけで人を評価できる社会ではなくなってきました。**こういった社会的背景に合わせた上司と部下のコミュニケーションが取れていないことが、一番の問題だと考えます**。

現状、日本での上司と部下の公式的なコミュニケーションと言えば、年に2回の評価面談くらいのものです。その場は緊張感に満ちています。他にあるとすれば、不定期に「〇〇くん、ちょっといい？」と部下を呼び出して面談を行うときでしょう。このときの対象は問題のある部下です。この面談は、上司が部下を指導する時間です。

上司が部下に対して言いたいことや言わなければいけないことを告げるので、この場は厳しいムードです。ですので、**上司も部下も1対1の面談には無意識に「嫌な」イメージを持っているのが現状です。私はこの上司と部下のコミュニケーションの「場」や「方法」を変えていく必要があると思っています**。

一方で海外ではどうなっているのでしょうか？　革新的なベンチャー企業や世界的有名企業が本社を構える米国のシリコンバレーでは、上司と部下とのコミュニケーションで1on1ミーティングというカルチャーが当たり前になっています。上司と部下が週に1回、30分〜1時間程度「必ず」1対1の面談を行うのです。自由に話し合うことで、上司が部下の考えや今の状態を把握して関係構築を図っており、それがマネジャーの重要な役割になっています。

シリコンバレーでは人材が宝です。優秀なエンジニア一人で会社の命運が変わることもあります。生き馬の目を抜くような世界ですので、会社に得るものがなくなれば優秀な人材はすぐ他社に流れていきます。グーグル元CEOの著書ではこう書かれています。「事業は常に業務プロセスを上回るスピードで進化しなければならない。だからカオスこそが理想の状態だ。そして、カオスの中で必要な業務を成し遂げる唯一の手段は、人間関係だ。社員と知り合い、関係を深めるのに時間をかけよう」――『How Google Works（ハウ・グーグル・ワークス）』p271より――。

このように、結果を出していくためにマネジャーは、人間関係をつくる時間を設けています。さらに、会社の代表として従業員の声に耳を傾けて、様々な改善を図り、個人の強みを発揮できるような業務や環境を用意し、創造性を生み出すためにミーティングの時間を持っているのです。

離れていてもコミュニケーションが取れる今の時代だから、ツールを使って最先端のコミュニケーションを使っているシリコンバレーだからこそ、フェイストゥフェイスのコミュニケーションを大切にしています。ですので、私が現地で取材した中には、**1on1の時間を「クオリティータイム（部下にとって高質で貴重な時間）」と言っている企業もありました。私はこのシリコンバレー式のマネジメント手法が、今まさに日本で必要だと思っています**。

私は、2015年に一部上場を果たしたVOYAGE GROUP（以下VG社）

というIT企業の創業期から参画して経営幹部として8年間を過ごし、組織人事コンサルタント・ビジネスコーチとして2008年に独立しました。そして退職した現在も様々な企業に携わる傍ら、同社のフェローとして人事アドバイザーも務めています。

非常に活気に満ちた会社で、2015〜2017年まで3年連続で「働きがいのある会社」という調査の中規模部門（従業員100〜999人）で第1位に選ばれました。

これを運営する調査機関のGreat Place to Work® Institute Japanでは、従業員からみた「働きがいのある会社」を次のように定義しています。「従業員が会社や経営者、管理者を信頼し、自分の仕事に誇りを持ち、一緒に働いている人たちと連帯感を持てる会社」。VG社はまさにこれを体現しています。社内での対話や交流をつくっていく仕組みも数多くありますが、**その中でも重要な役割を担っているのがこの1on1ミーティングなのです。**私はその設計から運用まで携わり、もう10年以上実施されています。そして上司と部下の信頼関係づくり、育成の重要な機会になっています。

こういったお話を企業の方にすると、非常に興味を持っていただくのですが、そのやり方に戸惑われます。自分のやり方しか知らないし、それが正しいのか検証したこともないからです。１ｏｎ１ミーティング、つまり面談の場というのは実は「ブラックボックス」で、その場でどんな話をしているのかは当事者しか知りません。したがって、**自分がマネジャーになって部下と面談を持つときに参考にするのは、自分が以前の上司にされてきたやり方なのです**。他の人の方法を知らないのです。

このそれぞれのマネジャーが持っているブラックボックスの「秘伝」を、私はヒアリングさせてもらい、実際に参加し、時には録音させてもらうなどして多くのケースに触れました。その経験を通して、マネジャーへのアドバイスやコーチングを行い、１ｏｎ１を改善してまいりました。本書は、そのノウハウをメソッド化した１ｏｎ１ミーティングの手法についてご紹介しています。それを参考にぜひ実践していただきたいと思っています。

また本書は、この１ｏｎ１ミーティング発祥の地であり、世界で最も人材の競争や成長が著しいシリコンバレー企業に敬意を込めて、「シリコンバレー式」とタイトルに入れました。現地での取材やヒアリングを通して得た内容も盛り込みながら、これからの企業に必要なエッセンスもお伝えしてまいります。

毎日忙しく責任感を持って頑張っている現場のマネジャーを見るにつけ、なんとかその努力が報われてほしいと思い、本書を執筆いたしました。本書がそんなマネジャーの方々の指南書としての役割を少しでも果たすことができたならば、これに勝る喜びはありません。

2017年8月

世古詞一

シリコンバレー式　最強の育て方

もくじ

1on1ミーティングとは？……002
はじめに……003
本書の読み方……020

第1章 なぜ、今1on1ミーティングで人も会社も変わるのか

組織で行われているコミュニケーションとは結果を出すための「情報交換」をしているだけ……024

個人に焦点を当てた「対話」が継続的な結果をもたらす……026
「不機嫌な職場」はまだまだ存在する……029
なぜ、今1on1ミーティングが必要なのか？
「会社起点」で考える会社は衰退し、
「個人起点」で考える会社が選ばれる……031
1on1ミーティングが行われていない6つの理由……036
①「忙しい」……037
②「面倒くさい」……038
③「（過去の面談で）嫌な思いをした」……039
④「苦手意識」……040
⑤「必要ない」と思っている……041
⑥自分の上司に1on1を「されてこなかった」……042
【まとめ】1on1ミーティングが行われていない理由……044

1on1ミーティングで実現する8つのこと……045
①上司と部下の間に揺るぎのない信頼関係が生まれる……045
②心身が不調で休職になるところだった部下が、早期の対策で生き生き働き出す……048
③やる気のなかった部下が自発的に働くようになる……049
④評価査定の後、不機嫌になる部下がいなくなる……051
⑤仕事に飽きてきた優秀な上位2割が、再び情熱を持って業務にチャレンジを始める……052
⑥「後手の対応」から「先手の対策」へと人材マネジメントが変わる……056
⑦部下からの「ちょっといいですか?」のミーティング時間が本当に「ちょっと」になる……058
⑧「ビックリ退職」がなくなる……062
シリコンバレー企業では
仕事上の関係を維持する重要な方法として1on1ミーティングは常識……064
体験談（1on1ミーティング後に何が起きたか）……067

1on1ミーティングを実施している上司の声……067
1on1ミーティングを実施している部下の声……069

第2章 1on1ミーティングで何を話すのか
——部下と信頼を構築するために

「1on1実践マップ」で全体像をつかむ……074
マネジャー自己診断テスト……080
①プライベート相互理解……083
プライベート相互理解とは？……083
あなたは部下のことを仕事以外でどれほど知っているでしょうか？……085
部下をオープンにさせるための「自己開示」法……088

「4つのレベルの雑談」で意図した雑談をする……090
どう「自然に」話を切り出すか？……092
「100％受け入れられている」と感じてもらう雰囲気のつくり方……094

②心身の健康チェック……096
1．体調確認（メンタルと身体）……097
2．業務量……099

③モチベーションアップ……101
モチベーションアップには2種類ある……101
1．マイナス面を最小化すること
→モチベーションを下げる要因を取り除くこと……102
2．プラス面を最大化すること
→モチベーションを上げる要因を高めること……105

第3章 1on1ミーティングで何を話すのか
——部下の成長を支援するために

成長支援ステージ……112

④業務・組織課題の改善……114

質問例と質問の意図……116

「お前はわかってないな」から「私に教えてくれないか」へ……120

⑤目標設定／評価……124

目標設定も評価も本質は育成……124

納得感を高めるための「MGC目標作成法」とは？……126

評価制度は「理解する」のではなく「活用する」もの……131

評価前のマネジャーのチェック事項……134

グローバル企業では、１on１ミーティングで年次評価を続々と廃止！……… 136
⑥能力開発／キャリア支援……… 137
能力開発とはすでにある能力を自覚させること……… 140
やみくもな「将来何をしたいの？」という問いが部下を不安にさせる！……… 144
⑦戦略・方針の伝達……… 149
「逆ホウレンソウ」で部下が自ら動き出す……… 149

第4章 １on１ミーティングを始めてみよう

最初のスケジューリングですべてが決まる……… 156

はじめは大事なお客様とのアポイントのように丁寧に……156
1on1ミーティング実施案内のサンプル……158
部下の合意を取る……159
マネジャーが自らスケジューリングする……161
1on1を「定例」ではなく「イベント」として捉える……162
空間をプロデュースする……164
場所を決める……165
自分の表情を自覚する……167
効果的なアイテムを揃える……169
独自のネーミングをつける……171
クラウドで「個人データベース」をつくる……174
「実践シート」を使って最終準備……177
1on1ミーティングの実際……180
時間配分を4分割で捉える……180

まとめとアクションプラン……187
締めくくりまで手を抜かない……187
次までに行うことを「一つ」だけ決める……188
達成までの道のりを最初から順番にイメージする……189

1on1後の行動で組織が変わる……190
1on1後から上司は見られる立場へ大逆転！……190
ヨコの1on1ミーティングが組織を強くする……191
「人材ミーティング」で1on1をブラッシュアップ……192
締めは自分の上司と1on1……195

1on1を継続させるポイント……198
ポイント①　部下に1on1を主催してもらう……198
ポイント②　定例以外でも1on1を行う……199
ポイント③　1on1の「6つのレベル」で質の向上を楽しむ……201
ポイント④　部下を「しらけさせない」ことに気を配る……204
ポイント⑤　3つの心構えで1on1に臨む……206

おわりに
自分とも1on1ミーティングをしよう――セルフ1on1のすすめ……210

1on1ミーティング質問・伝え方例一覧……214

1. プライベート相互理解……215
2. 心身の健康チェック……216
3. モチベーションアップ……217
4. 業務・組織課題の改善……217
5. 目標設定／評価……219
6. 能力開発／キャリア支援……220
7. 戦略・方針の伝達……222
8. まとめとアクションプラン……223

カバーデザイン　井上新八
本文デザイン・DTP　佐藤千恵
素材提供：keko-ka, Minii Ho, phipatbig, garagestock/Shutterstock.com

本書の読み方

本書は、1on1ミーティングとはどういうもので、マネジメントにどう役立つのか？ そして、実際にどのようなことを行い、何に気をつけていけばいいのか？ それらを極力具体的にお伝えした内容となっております。

第1章では、なぜ、今1on1ミーティングを行うことが大事なのか？ ということを、その社会的背景やメリットを織り交ぜながらお伝えしております。**まず、ほとんどの方にはぜひ第1章から読んでいただくことをお薦めいたします**。

第2章と第3章では、実際に1on1ミーティングで話す内容（テーマ）についてお伝えしております。1on1ミーティングは、やみくもに仕事の話をすればいいものではありませんし、ただ雑談すればいいものでもありません。**マネジャーが覚えて**

おくと便利な「主要7テーマ」を頭に置きながら、意図した対話を行っていくことが質の高い1on1ミーティングを実現します。

第2章では、まず人間関係の土台となる「部下との信頼をつくっていくテーマ」についてご説明します。

第3章では、さらに「部下の成長を支援するためのテーマ」についてご紹介してまいります。

第4章では、1on1ミーティングを始めるまでの準備から終わった後まで、何をするのか順を追って具体的に説明してまいります。次のような順番になります。

- 1on1ミーティングを開始する前に準備すること
- 1on1ミーティングの開始から終了まで30分の間に扱うテーマとその配分について
- 1on1ミーティングが終わった後にすること
- 1on1ミーティングを継続させていくためのポイント

1on1ミーティングの開始から終了までの30分については、第2章と3章の話が土台になっていますので、順を追って深く理解したい方はそちらからお読みいただければと思います。すでに1on1ミーティングを実施されている方は、1on1ミーティングを組織の中でどう活用していくか、あるいはどのように継続させていくか、という観点から第4章の後半をトピックとして先にご覧になっても良いかもしれません。

それでは、始めてまいりましょう。

第1章

なぜ、今 1on1ミーティングで人も会社も変わるのか

組織で行われているコミュニケーションとは結果を出すための「情報交換」をしているだけ

今、企業はどんな課題を抱えているのでしょうか？　大きく分けると事業面と組織面の2つの課題があります。私は組織人事コンサルタントですので、企業から組織面での課題について解決を依頼されます。組織の課題とは例えば、人が育たない、優秀な人が辞めてしまう、チームに活気がない、といった「人」に関することで、問題となっている事象は多岐にわたります。しかし、これらの問題を突き詰めていくと、実は根本的な原因はたった1つなのです。**それは「個人に焦点を当てた対話の不足」です**。個人に焦点を当てた対話とは、部下個々人が業務やキャリアやプライベートについて考えていること、または感じていることをマネジャーに語って聞いてもらうことです。もちろん、部下とのコミュニケーションは十分に取っているというマネジャーの方も多いでしょう。確かに、結果を出すために必要なコミュニケーションは密に取ってい

るのです。**つまり、業務に焦点を当てたいわゆる「仕事の話」はしているでしょう。**

例えば、

部下「この案件ですが、今回だけイレギュラー対応したいのです。背景としては、競合が同じサービスをぶつけてきてまして……」

上司「なるほど。もしイレギュラーで対応した場合、その後に大きく期待できるメリットがあればいいよ」

このような個別案件についての意思決定などは「会議の場」や「部下からの報連相」でされています。しかし、**実はこれはコミュニケーションをしているというより、「結果を出すための情報交換」をしているだけなのです**。特に短期的な結果です。急いでいるから部下が上司をつかまえて口頭のコミュニケーションを行うのです。もちろん、これが悪いわけではありません。しかし、欲しい情報を得るための情報交換であれば、今後はおそらく上司ではなく、ＡＩ（人工知能）がこの役割を担っていくことになるかもしれません。その方がはるかに的確なアドバイスをもらえて成果につながる可能性があります。

個人に焦点を当てた「対話」が継続的な結果をもたらす

一方、個人に焦点を当てた対話の目的は、「部下との信頼関係づくり」や「部下の

不安の解消」や「部下の心身状態の確認」など、**部下自身に関することなのです**。1on1ミーティングの場では、まさにこの対話が行われます。具体的にどのようなものか、ある女性の話をご紹介します。「1on1ミーティングを行ってよかったことは何ですか？」という問いに対して、彼女はこう答えてくれました。

「仕事をしていて自分が今どこにいるのかわからなくなったんです。自分がどこに向かっているのか？　とか、**自分の立ち位置が整理できていなくてモヤモヤしていました**。それを1on1ミーティングの場で、言いたかったことが言えてとてもすっきりしました。最初は、言いたいこともまとまっていなくてこんなこと言って大丈夫かな？と不安だったのですが、**上司が親身に聴いてくれたので、次から次に言いたいことが出てきました**。今後の業務へのスタンスも、『もっと自分で思ったことをやってよい』と上司にお墨付きをもらったので、**チームにもどんどん自分の意見を言っていきたいと思います**。ずいぶん溜まっていたので、思い返すと今までそういった話をする場が本当になかったんだなと思いました」。

こういった部下からの悩みの相談など、あなたが上司なら一度や二度聞いたことがあるかもしれません。飲みの席だったかもしれないし、面談の場だったかもしれませ

この女性のしてくれた話は、業務時間中に隣の席で行う「情報交換のコミュ
ョン」ではなかなか出てこない話なのです。

１の対話での特徴の一つは、**まずテーマが抽象的なことです**。ここでは「整
ていなくてモヤモヤしていた」というところから話が始まりました。一方、結
出すための情報交換の場では、個別案件の話など具体的なものがテーマになります。二つ目の特徴は、情報交換の場では、上司は助言をして論理的に判断を下すことをしますが、**１ｏｎ１の対話では、共感的な姿勢で熱心に聴いて、判断を引き出すことをします**。先ほどの例でも、親身に共感的に話を聴いたからこそ話がどんどん出てきて、「これからもっと発言していこう」という自発的な判断も引き出せたのです。

他にも、１ｏｎ１の対話ではこんな問いを投げて上司は部下の話を聴きます。「今、どんな想いで仕事をしているのか?」「体調はどうか?」「今の業務を通して今後何をしていきたいのか?」「今の業務からどんな成長ができたか?」「もっと改善できるやり方はあるのか?」。これらの質問は、「情報交換のコミュニケーション」では出てきません。**なぜなら、この質問の答えが、短期的な結果につながらないからです**。もし、多くの組織がそうであるように、情報交換ばかりで対話が行われていないと何が起こ

るでしょうか？　短期的な結果は出るものの、結果を出すための土台となる、「心身の健康」や「仕事への想い」「成長実感や能力開発」などが疎かになるので、**継続的に結果を出し続けることが困難になるのです**。

「不機嫌な職場」はまだまだ存在する

果たして現在、こういった部下の話をタイムリーに拾える場があるでしょうか？

以前私は、ある企業の退職者に第三者としてインタビューを実施しました。その際にわかった、退職者に共通した隠れた退職理由がありました。**それは「悩んだときに相談する人がいなかった」ということです**。人は働きながら色々な思いが生じてきます。職場の雰囲気が合わない、評価に納得がいかない、成績が伸び悩んでいる。こういった話を放置しておくと退職へのリスクは一気に高まります。1on1ミーティングの場は、事前に部下にテーマを出してもらって、なぜそう思うに至っているのかを共感的にじっくりと聴ききって、関係を構築していくチャンスなのです。

２００８年に、『不機嫌な職場』という書籍がベストセラーになりました。１９９０年代からの成果主義の蔓延により、組織としては必要だけれど個人の成果にはつながらない「遊び」部分がなくなり、従業員間の「壁」を高くしていきました。これにより、なんだかギスギスした職場が増えていったのです。この本の冒頭ではギスギスした職場にありがちな風景として、次のように書かれています。「イライラした空気が職場に蔓延し、会話がない」「困っていても手伝おうか、の一言がない」。残業をなくそう、生産性を高めようという効率を重視する経営が続く中、今もまだ同じような現象は根強くあるように思います。しかし、そのための処方箋はまだまだ後手を踏んでいると私は感じます。

なぜ、今1on1ミーティングが必要なのか？ 「会社起点」で考える会社は衰退し、「個人起点」で考える会社が選ばれる

最近、マネジャーから「部下が何をやっているかわからないんだよね」という話をよく耳にします。あるエンジニアのマネジャーは、「部下はプロジェクトでクライアント先に常駐しているから、自分とはめったなことでは話をしない。任せている」とおっしゃっていました。

かと思えば、「隣の席の部下が最近電話でクライアントと話をしないから、どういう話を外の人としているかわからなくなった」と言う方もいます。電話の時代は、隣で電話をしているところを聞きながら、ある程度部下の成長ぶりを確認できました。アドバイスもその場でできました。それからメールの時代に移ります。クライアントとのメールでのやりとりをＣＣに追加してもらうことで、部下が何をどんな進捗で行っているのか？ という部下の業務や能力についてまだ把握できました。しかし

現在、広告代理店やＩＴ先端企業はじめ、効率を重視する多くの企業ではFacebookやLINE、slackなど、個別のメッセンジャーでのやり取りを社内でも社外でも行っています。**上司も部下が何をどのようにしているか把握できていない事例が広がっています。ですから、上司が部下に益々成長の支援ができない環境になってきつつあります。**

さらに、１on１ミーティングがなぜ昨今必要になっているのかは、一般的な社会的背景からも見えてきます。端的に言えば、個人の生き方や個人を取り巻く環境が非常に多様化、複雑化しており、仕事に影響を与える個別の事情が増えているのです。それらをマネジャーは、業務をスムーズに遂行する上で、把握する必要が出てきたのです。以下のように羅列してみると、昨今よく聞いたり目にしたりするワードも多いと思います。

・会社以外での個人事情の複雑化（親の介護、男性の育児参加〈イクメン〉、女性の働き方、保育園事情、セクシャルマイノリティ）
・心の病を抱える人の増加
・ブラック企業や過労死など、残業や働き方の社会問題化による管理義務の強化

・転職市場の広がりにより退職しやすい環境になっている
・納得しないと動かない若年層の増加
・仕事の分業化の進展と失敗しない仕組みづくりによる部下育成機会の減少
・キャリアの見えない時代の中で、将来に悩む若手社員の増加
・社会と個人の幸福感の変化と多様化（お金だけではない幸せ。やりたいことや行うことの意味を大事にする時代へ）
・職場のハラスメント（セクハラ、パワハラ、モラハラ等）へのケア
・環境変化が速く、設定した目標が変わってしまう
・副業を行う社員の増加
・職場の人と飲みに行く機会の減少

このように、**個人が抱える諸問題や背景は非常に個別的で特有のものになっています**。そして、こうした個人が抱える問題と仕事は切り離せない関係になってきました。子どもが熱を出したからといって、仕事に遅れてくる、というのは20年前には通らない理由でした。10年前には違和感がありました。しかし、今では寛容になっている会

社も多いと思います。ただし、それを受け入れるためには、個人の事情を知って理解していることが前提になります。例えば、1on1の場で部下はこんな話をします。

「最近妻の体調が悪くて、私が子どもを保育園に送ってから会社に来ているんです。それで時間ギリギリで、途中タクシーを使ったりしているんですがきつくて、できれば1か月間だけでも出社を15分ほど遅らせてもらえるとありがたいのですが。……言おう、言おうと思っていたのですが、なかなか話すタイミングもなくて、ちょうど1on1があったので良かったです」。

このようなことを、部下側から上司を呼び出して相談するのはハードルが高いものです。だいたい「ちょっといい？」と部下を呼んで話があるのは上司の側です。用事があるのは上司で、上司が部下に何かを「伝える場」として面談がありました。一方で、部下が上司を呼び出すのは「よっぽど」なときなのです。**その「よっぽど」の前に事態を捉えるための「定期的」な場が現在必要になってきているのです。**

こうした社会的背景にともない、ワークライフバランスという言葉が叫ばれて久しくなっています。2016年8月にワークライフバランス推進会議が『「組織起点」から「個人起点」でのワークライフバランス推進へ転換を』という提案書をリリースしました。今まではワークライフバランスといっても、組織メリットに重きが置かれていましたが、もうそのようなことは通用しなくなってきています。言い方は悪いですが、**結局「部下は自分のことを中心にしか考えていない」という期待値から始めてみることです**。考えてみれば当たり前です。全社視点で考えられる一般社員がどれだけいるでしょうか？　出世をして、マネジャーになってからだんだんと会社のことを考えていくようになっていくものです。

これから選ばれる会社とは、そんな自分のことを考えている部下の事情をしっかりと聞いてくれる会社なのです。そして聞いた上で、さらに自分を成長させてくれる会社です。そんな会社に対して従業員はやりがいを見つけて生産性を上げて仕事をしていこうとします。これはいわば平成版の御恩と奉公です。昭和の時代は、安定的な給与の上昇と終身雇用という御恩に対して、社員が残業をいとわず奉公をしました。しかし平成ではそれは約束できなくなったのです。企業が真に個人と対話して共生していく時代に変わってきているのです。そして、それを体現するのがこの1on1ミーティングなのです。

1on1ミーティングが行われていない6つの理由

人事の方から組織課題をじっくりと伺った上で1on1ミーティングの提案をすると、多くの人事の方は賛同してくださいます。それをしっかり行うと結果が出るイメージがわくからです。**ところが、現場感覚の強い人事の方や、最近現場から人事に異動した方ですと難色を示します**。ある方は、こう言いました。

「おっしゃることはよくわかるんですけどねー。みんなやらないと思いますよ」

ではなぜ、行えば良い結果が出そうだと「頭」ではわかっているのに行わないのでしょうか？　もちろん、各会社により状況は違うでしょうが、多くの人のお話を伺う中で1on1ミーティングが行われていない6つの理由がわかりました。

1on1ミーティングが行われていない理由①

「忙しい」

これが最も多くの人が口にする言葉です。「忙しい」の後に「毎月面談に時間を使うなんてとてもじゃないけどできないね」と続きます。（社）日本経営協会発行の「日本の中間管理職白書2014」によると、8割以上の中間管理職はいわゆるプレイングマネジャーであり、担当業務と管理職業務を掛け持ちして多忙な毎日を過ごしています。また、仕事上の問題・悩みで最も多かったものは「業務量が過大である（34・6％）」であり、3人に1人は過大な業務に悩まされています。実際忙しいと思うのですが、**月に1回30分すら部下のために時間を取れない「マネジメント」というのは非常に寂しいものです**。なかには「部下が30人いるんです」という方がいましたが、これは組織の作り方に問題があると思います。いずれにせよ、現状に余裕がない、現在時間を使っている大半の業務に比べて、1on1ミーティングを優先順位の低いものと考えているということです。

1on1ミーティングが行われていない理由②

「面倒くさい」

2つ目は「面倒くさい」です。これは「忙しい」とはまた別の感覚で、現状に余裕があるかないかにかかわらず、新たに仕事が増えるのを嫌います。そしてこの「面倒くさい」には、真逆の考えの2つのケースがあります。1つは、1on1ミーティングに興味関心がないというケースです。自分の得意分野は他にあってそこを伸ばしていきたいと考えています。他の業務と比べて優先順位が低くなっているのです。そしてもう一方は、それとは逆に1on1は重要と考えているからこそ「完璧にやらなければならない」と捉えていて、「それをすべて行うのは無理だ」と考えていたり、「やり方がわからない」というケースです。**前者は、1on1の効果や行う意義が実感できていないこと、後者は現実的な方法を持っていないことが原因で1on1が行われていないのです**。

1on1ミーティングが行われていない理由③

「（過去の面談で）嫌な思いをした」

上司との面談についていろいろな方にヒアリングをすると、こんな話もよく聞きます。

「とにかく嫌な思い出しかないです。相談したら、逆に説教されました」

「上司の昔の自慢話を聞かされ続けました」

「1対1の会話は詰められた記憶しかないです」

「相談して、私がもういいって言っているのに、『いや、お前はまだ納得していない』と、半ば監禁状態で会議室から出してくれませんでした」

自分が部下の頃に上司と2人で話をしたことがトラウマになっているレベルの人も少なからずいらっしゃいます。これは、面談が上司都合だけの場になっていた証拠です。とにかく過去に嫌な思いをしたことが原因で1on1が行われていません。

1on1ミーティングが行われていない理由④

「苦手意識」

1on1ミーティングに苦手意識を感じているマネジャーは意外に多いです。部下から不満を言われて責められる場として捉えているのです。そして、その不満を解消する術を自分は持ち合わせていないと考えています。

自分が多くの決定権を持っている役職ならいざ知らず、中間管理職という立場では「仕事だからやって」としか言えないので、部下からの直接的な不満を聞くのを極力避けようとしてしまうのです。**つまり、「聞いちゃったら解決に動かなきゃいけないけど、解決策がないので聞きたくない」という構図になっているのです**。また、エンジニアのマネジャーの方によく見受けられますが、プロジェクトマネジャーとして事業を進めていくのは得意だけど、人間関係のことを相談されても自分では何とも解決のしようがない、と捉えて1on1に苦手意識を持つ人も多いです。このように自信のなさからくる「苦手意識」から、1on1が行われていない場合もあります。

1on1ミーティングが行われていない理由⑤
「必要ない」と思っている

5つ目は「必要ない」です。現状、部下から不満もないので、自分はマネジメントをうまくやれていると思っていて、余計なことをしたくないのです。あるいは、部下が優秀で自立して動いているのでわざわざ時間を取って邪魔なことをしたくない、というものもあります。

ただ、上司のこの考えに対して、実は部下側はコミュニケーションを求めているケースは多いのです。普段、上司は手のかかる別の部下に時間を使っているので、ときには、自分の行っていることに対する承認が欲しかったり、今後についての話を落ち着いてしてみたいと思っているものです。「〇〇くんとはうまくコミュニケーションを取れている」「〇〇さんは優秀だから任せておいて大丈夫」という上司側の思い込みが原因で1on1が行われていないケースです。

1on1ミーティングが行われていない理由⑥

自分の上司に1on1を「されてこなかった」

最後の6つ目が、「かつての上司に1on1（面談）をされてこなかった」です。実はこれがマネジャーの無意識に最も重要なインパクトを与えていることがわかりました。多くのマネジャーが自分では口にしないのですが、話を伺う中で見えてきたのは、1on1を行っている人とそうでない人の差は、実は「自分が頻繁に面談されてきたかどうか？」だったのです。

ここで質問したいのが、**あなたの現在のマネジメントスタイルに最も影響を与えている人はだれでしょうか？**

ということです。自分の上司のやり方ではないでしょうか？

考えてみれば、当たり前の話かもしれません。自分がマネジメント業務を初めて行う際に参考にするのは、自分の上司が行ってきたやり方という人が多いです。これは反面教師的なものも含めてです。しかも無意識のうちに行っています。子育ても、知らず知らずのうちに自分の親に育てられてきたように、自分もしてしまうものです。

学ぶの語源はまね（真似）ぶと言われるように、人間は無意識に何かを真似ながら学んでいく生き物です。１on１が「良い」とか「悪い」ではなく、ただ、されてきたように、するのです。ですので、マネジメントをする上で何が「効果的」なのかを見定めて、「意識的に」自分からやり方を変えていかないとマネジメントスタイルは変わらないのです。

こういった環境や心理的要因により、１on１ミーティングをやった方がよいと思っているのにやれていない。あるいは、組織で毎月面談することになっているのに形骸化しているという現状になっているのです。

では、どうすればそのような現状でも１on１を始められるでしょうか？

私は、これらの行われていない理由を上回るメリットをマネジャーがしっかりと把握することだと考えます。

【まとめ】

1on1ミーティングが行われていない理由

- ◆忙しい
- ◆面倒くさい
- ◆（過去の面談で）嫌な思いをした
- ◆苦手意識
- ◆「必要ない」と思っている
- ◆自分の上司に1on1を「されてこなかった」

1on1ミーティングで実現する8つのこと

他の業務より優先順位を高くして1on1ミーティングを実施しようと思うためには、そのメリットを十分に理解していなければなりません。1on1ミーティングを行う8つのメリットを見ていきましょう。

①1on1ミーティングを行うと、上司と部下の間に揺るぎのない信頼関係が生まれる

信頼関係をつくるためには、お互いの歴史や考え方を知って共感していくことです。そのためにまずは1on1の回数を増やしていくこと自体が、信頼関係づくりに寄与します。心理学ではこれを「単純接触効果」と言い、人は何かしらの対象物と繰り返し接することで、警戒心が薄れて好意度が増していくという効果があるのです。この

信頼関係はすべての土台になります。だから私は、まずは「1on1ミーティングで話す頻度を増やしましょう」と言います。すると「でも、いつも部下と十分話をして知っているので、今さら話すこともないですよ」、そう言われるマネジャーがいらっしゃいます。果たして本当に部下のことを十分知っているのでしょうか?

友人知人に会うと「あなた、家族のこと知ってる?」と聞く癖がついた。「もちろん、よく知ってるに決まってるじゃない」「ほんとに?」……元NHKアナウンサー下重暁子さんが2015年にお書きになり話題になった『家族という病』の冒頭はこのように始まります。家族は同じ家に長年いても、日々の暮らしで精一杯で心の中まで見せません。良い子ほど親に心配かけまいとして相談しないし、親は遠くから見守っています。夫婦はわかったふうを装い、だんだん空気のような存在になっていきます。むしろ外の親しい友人の方がわかってもらおうとよく話をするものです。つまり身近な存在ほど、意外と知らないことが多いものなのです。

これは、毎日顔を合わせる会社の同僚や部下にも言えることではないでしょうか。

家族よりも一緒にいる時間が長いメンバーのことをどれだけ知っているでしょうか?

「うちのチームは皆仲が良くて……」そう言っているメンバーの、「中学、高校、大学で熱中していたこと」をどれだけの上司が知っているでしょうか？　1on1を始めたマネジャーがよく言う感想が、「意外と部下のことを知らないんだな、というのがわかりました」というものです。

1on1ミーティングを行うことで、「相手をもっと知ろう」という意識や姿勢が高まります。なぜなら、知れば知るほど知らないことが増えることに気がつくからです。逆に知っていると思っているうちは部下に何も「聞こう」とせず「知ろう」ともしません。「思っていたより部下のことを知らないな」というところに立てたマネジャーだけがとても謙虚に1on1を積み重ねて、やがて揺るぎのない信頼関係を部下との間につくり上げていくのです。

そして、そんな信頼関係が積み重なった企業は、会社の業績が悪くなったときに一致団結をして難局を乗り切っています。一時的にでも結果が出ているときは組織の問題が表に出なかった企業も、業績が悪くなった途端に組織が崩壊して、さらに業績が悪くなるという事例は枚挙に暇がありません。逆境に耐える真に強い企業を支える土台には、組織の中の信頼関係が不可欠です。そしてそれをつくる大きな役割を1on1ミーティングは担っていくのです。

②1on1ミーティングを行うと、
心身が不調で休職になるところだった部下が、早期の対策で生き生き働き出す

「なんだかずっと体調がすっきりしない」「最近、あまり寝れていない」「最近、業務が多くなってきてそろそろキャパオーバー気味」。こういったことは少しくらいではわざわざ上司に言いに行きづらいものです。しかし1対1になって上司から「どう、最近寝れてる?」と聞かれれば、ぽろっと話が出てくるものです。

また、顔を突き合わせて行う意味は、その表情や声の強さなど言葉以外から感じ取った何かを伝える場でもあります。**「なんか元気なさそうだけど、大丈夫?」と1対1でリアルに話すからこそ生まれるやりとりから、早期にメンタルや体調の変化に気づくことができます**。

そしてそれを元に、業務内容や働き方を変えるなどの対策を実行して、また元気に社員が働き出すのです。

③1on1ミーティングを行うと、やる気のなかった部下が自発的に働くようになる

人が自分からやる気を出して何かを行うためにはどうすればよいのでしょうか？「内発的動機づけ」研究の第一人者であるロチェスター大学教授のエドワード・デシ氏は、人がやる気になるためには三つの基本的欲求が満たされることが必要と述べています。一つ目は関係性への欲求、二つ目は有能さへの欲求、そして三つ目は自律性への欲求です。**そして実は、このやる気になるための三つの欲求は1on1ミーティングの場ですべて満たせるのです**。

まず一つ目の関係性への欲求とは、相手に受け入れられていると感じていることです。例えば部下の関心のあることを聞いたり、体調を気にかけたり、言葉や質問を投げかけることです。これらのことは実は、1on1のコミュニケーションで行うことそのままです。

次に二つ目の有能さへの欲求とは、「自分にはできる」という自己効力感を持てることです。これを部下に持たせるための働きかけとしては、例えば、部下への期待を

伝えたり、感謝の言葉を述べたり、できていることに承認を与えることです。部下をできる人として接することで部下の自己効力感が高まります。これも1on1で上司が実践する欠かせない要素です。

最後三つ目の自律性への欲求とは、物事を自分で決めた実感を持って取り組むことです。押し付けられて、やらなければならないと思って取り組むのではなく、視点を変えて当事者意識を持って取り組める状態です。これも1on1ミーティングの場で行われます。

例えば、OJT業務にやる気を下げている部下Cさんがいました。彼女は人に教える仕事に対して無駄を感じていました。その時間があったら自分の成果(=数字)を出したいのです。そんなCさんに上司は1on1の場でこう言います。

上司「Cさんの今の業務(数字を出すこと)が自分の将来像の『一部』だとすると、他の部分には何があるのだろうか?」

Cさん「そうですね。今扱ってる商材だけではなくて、どんな商材でもあるいはどんな状況でも成果を出せるようになることです」

上司「いいですね。そのこととOJT業務を行うことは繋がる部分はありそうですか？」

Cさん「そうですね、ＯＪＴ業務を追加でも行う状況で自分の成果を出したら、将来の自分へ近づく感じがして自信が持てそうです」

このようなやり取りの中で、今行っている業務が自分を成長させてくれる必要な業務という認識に変化することがあります。こういった部下の認識の変化に立ち会うということを、あなたがマネジャーだったら一度は経験したことがあるのではないでしょうか。

④1on1ミーティングを行うと、評価査定の後、不機嫌になる部下がいなくなる

評価に対する不満とは、自分があるべきと思っている評価に対して、低い評価を受けていることに対するギャップです。ギャップが大きいほど不満は大きくなります。**どうしてこのギャップが大きくなるかと言うと、評価査定のときしか評価の話をしないからです**。最初は少ししかないギャップが、半年経つとドンドン大きくなっていく

のです。だから、途中途中でフィードバックしていって、このギャップの擦り合わせをしていく必要があるのです。

こういう話を企業ですると皆、「その通りですよね」とおっしゃいますが、なかなか行えていない現状があります。しかし、実際に1on1を行っている企業は劇的に評価に対する納得感が高まっています。

⑤1on1ミーティングを行うと、
仕事に飽きてきた優秀な上位2割が、再び情熱を持って業務にチャレンジを始める

1on1ミーティングでは、頻繁にキャリアの志向性やチャレンジしたいことについて話をします。ですから、タイムリーに異動希望を聞けたり、十分準備した上での配置転換が可能です。特に優秀な部下については、同じ業務を行っていると飽きが出てくるので、それを未然に防ぐことができます。もし1on1を実施していないとどうなるでしょうか?

2：6：2の法則

	今まで	これから
上位2割	放置	重点的ケア
中間6割		
下位2割	時間をかけていた	時間で切る

一般に「2：6：2の法則」と呼ばれるものがあります。組織の中で上位2割は自発的にやる気を持って働き、中間6割はそれに引っ張られてやる気を出し、残りの2割はあまり働かないということが起こります。

マネジャーはこの組織のどの層に自分の時間をかけているでしょうか？ 通常企業でよく見受けられるのが、**上位2割は自立して手がかからないので「放置」してしまう。下位2割は手間がかかるので、手厚くマネジメントの時間を取ってしまうという事態です**。上位2割は、変に邪魔されず自分のやり方で自由にできることで成果を上げるかもしれません。

しかし、優秀層を放置するのには、いくつか懸念があります。**一つ目は優秀層の業務プロセスが部門の方針と合致しているのか？** ということです。結果が出ていると安心しがちですが、プロセス（やり方）にこそ組織の方針や価値観が反映されますので擦り合わせは必須です。

二つ目は、部下が飽きてしまっていないか？ということです。優秀が故に、目標や課題が簡単すぎてしまうと、やりがいがなくなってしまうからです。

そして三つ目は、上司への不信です。通常上司側は優秀層に「信頼」があるので干渉しません。業務は進めやすいのですが、もし承認欲求が強い部下であるならば、そこにフィードバックがもらえないと満たされない思いが募ります。また、承認欲求があまりない自立した部下であるならば、上司の存在自体に疑問を覚えるかもしれません。

「上司って必要だろうか？」。自分一人で成果を上げたと思っていますから、自己評価も高いでしょう。にもかかわらず、普段あまり見てもらっていない上司から評価査定を受けて自己評価よりも低い評価を受けたならば、納得感はないでしょう。優秀な人材ですから市場へと流出してしまう可能性大です。円満退社ではないので、ひょっとしたらライバル会社に行くかもしれません。そうするとただ単に優秀な人材が抜けただけに留まらず、二重の苦しさを味わうことになりかねません。

では、優秀な部下にはどのようなことに注意して接すればよいのでしょう？　基本的には**「今後やりたいことの把握」と「全社視点を持ってもらうこと」です**。具体的には、以下のようなことです。

・今の業務と今後のキャリアへのリンクづけを行う
・新しい役割の模索をお互いに話し合う
・上司側からの報連相の徹底を行って、全社課題の共有を行う
・適切なタイミングで飽きや慢心を捉えて、環境や目標を変えていく

優秀な人ほど実は構ってほしいものなのです。仕事のやり方には口を挟んでほしくはないが（委任でよい）、承認が欲しい人もいれば、刺激的な業務を提示してもらいたい人もいるのです。

だから、優秀な上位２割の人ほど関わらなければなりません。**関わらない「不干渉」をしていると優秀な部下は上司からの言葉に「不感症」になっていきます**。**そうさせない場が１on１ミーティングなのです**。

⑥1on1ミーティングを行うと、

「後手の対応」から「先手の対策」へと人材マネジメントが変わる

マネジャーにとって、部下固有の問題や人間関係の問題など人材マネジメントコストはばかになりません。しかし1on1を普段から行い信頼関係を築き、上司と部下のコミュニケーションのパイプを太くしておくと、1を伝えて10が伝わるようになったり、事故が未然に防げたりと、**結果として人材マネジメントコストが軽減されていきます**。

人材マネジメントとは、人と組織の管理です。部下の心身状態や、能力・キャリア開発、目標設定や評価などを行います。

実は、この人材マネジメントに関するテーマはすべて1on1ミーティングの場で話されます。1on1をしっかり回して、これらの方向性を決めて進捗を追っていけば、人材マネジメント業務に関して言えば、ほとんどやるべきことはないといっても過言ではありません。

逆に、1on1を行っていない現状はどうなっているのでしょうか？　これらの人材マネジメント業務がすべて「後手」に回って、マネジャーはその対応に追われる「忙しい」日々になっているのです。知らない間に部下が身体やメンタルを病んで休職になり、人手が足りない事態に陥る。あるいは、意図した成長支援を行っていないので、部下が仕事を任せきれるまで思うように育っておらずに、自分がプレイヤーのままでいる。また、部下は努力しているけれど、部署の進むベクトルとは違う案件を取ってくるなど無駄な努力をしてしまっている。さらに、突然退職を言い出した部下の対応に追われるなど、後手の対応を人材マネジメントと呼んでいる組織も多いのが現状です。

普段から1on1を確実に行えていると、日々の現場で起こるコミュニケーションもお互いの勘所がつかめて早くなり、**「後手の対応」から「先手の対策」に変化していきます。ですので、忙しいから1on1する時間がない、という考え方から、1on1を行うことで業務を楽にしていくという考え方にシフトしていくことができます。**

⑦1on1ミーティングを行うと、

部下からの「ちょっといいですか？」のミーティング時間が本当に「ちょっと」になる

1on1を行うと、そのときだけ部下が「報連相」をすることになって、普段のコミュニケーションが少なくなるのではないか？　という質問をいただくことがあります。しかし実際は、これとはまったく逆の現象が起こります。**日常の部下からの「報連相」が増えていくのです**。一般的には、部下から上司に話しかけに行くというのは少し負荷がかかるもので頻繁には行けません。さらに、その相談内容がまだ切羽詰まっていないならば、部下は「上司は忙しそうだ」という言い訳を自分に与えて、相談しに行くのを先延ばしにします。なぜなら、話を理解してもらうために、様々な背景から話さなければならず、時間がかかってしまうと思うからです。気を遣う部下であるならばなおさらです。

例えば、部下が今抱える問題状況を「まだ大丈夫」と自分では判断していたけれども、

部下からの「ちょっといいですか?」

	1on1 しないと	1on1 すると
部下	・上司ハードル高い ・モヤモヤ→不安→不満 ・問題→大問題に	・上司に話しかけやすい ・すぐにスッキリ ・問題→解決
上司	ズルズルと長時間になる	ちょっとの時間で済む

思っていたより事態が深刻で大問題になるということがよくあります。これは、部下が問題の全体が把握できておらず、影響範囲の想像がついていないのが原因です。「何でもっと早く言わなかったの?」という言葉を一度は口にしたことのあるマネジャーも多いのではないでしょうか。

ところが、1on1で部下の仕事の進め方や、状況をタイムリーにつかめていると、「トラブルが起きまして……」と突然部下から話がきても、その背景をすぐに把握できるので、部下も安心して話しかけやすいのです。**実際に、1on1を実践している部下に話を聞くと、「上司に話しかけやすくなった」「ちょっといいですか?」が、とっても言いやすくなって問題が未然に防げるようになっ**

た」と口を揃えて言います。結果として、問題が複雑化、深刻化する前に手を打てるので、多くの見えないコストが削減できて、部下との信頼関係を築けるという素晴らしい結果が手に入るのです。

不安が不満に変わるとき

逆に、上司にすぐ相談できない状態の部下は心のどこかに不安を抱えています。決断に自信を持てないときや、同じことをグルグル思考して気持ちがモヤモヤしているとき、そこはかとない不安を感じているものです。

不安は放置しておくと、いつしか不満へと変わっていきます。

例えば、ある部下の方のお話です。

「朝のミーティングで、チームメンバーが当日のアポイントの状況を共有しているんですが、目的がよくわからなくていつもなんだかモヤモヤするんです。もっと業界のトピックや目標の速報値を共有した方が一体感が出ると思うんですよね」

聞けば、立派な意見です。

「なぜ、それをマネジャーに伝えないんですか?」

すると、彼は答えました。

「うーん、特に聞かれないのと、そのくらいマネジャーなので自分で気づいてほしいですよね」

何とも厳しい意見ですが、多くの部下の感覚を表しているのではないでしょうか？わざわざ自分から言いに行くまでとは思っていないのです。このモヤモヤした感覚のうちに、問題を聞き出して対処しないと大きな不満へと変化します。おそらく「うちのマネジャーは組織のことを、何も考えてないですよ」などという不満に変わるのです。そうなると、直接は言ってくれません。不満は直接の改善提案のような形に昇華はせず、マネジャーがいない居酒屋で「愚痴」へと変化し、優秀な人材は「愚痴」にすら変えずに、他社へと流れていくのです。**不安のうちに対処するためにも、1on1ミーティングが効果的なのです**。

⑧1on1ミーティングを行うと、
「ビックリ退職」がなくなる

部門や会社の方針をずれないように部下に伝えようと思うと、自分の上司との頻繁な擦り合わせが必要になります。また、部下からのリクエストに応えるための改善施策や部下へのアドバイスをするにあたって、上司と調整を行ったりアドバイスをもらったりすることになります。必然的にマネジャー自身も上司とのコミュニケーション量が増えて、組織としての盤石な信頼関係がつくられます。

このように、**1on1は部下の意向と会社の意向を擦り合わせる機会になります**。目標設定では会社の方向性と紐づけて目標を伝え、評価時には会社が評価するポイントを説明することで、部下の会社理解が進みます。人は深く理解している人やものについて親近感や肯定的感情を抱きます。それが進めば企業ロイヤリティの向上へと進化していきます。

このような1on1で行う会社の方向性を踏まえた対話と、部下との信頼関係づくりによって退職率は下がります。**しかしそれ以上に良いことは、「退職する人の辞め**

方が変わる」ことです。

優秀な部下からの「来月いっぱいで辞めさせてください」という寝耳に水の退職申し出がなくなるのです。 **私の周囲ではこれを「ビックリ退職」と呼んでいます。** 特に上司と部下に信頼関係が薄い場合、部下が水面下で転職活動を行っているのでこうなりがちです。ですから、「ビックリ退職」を知らされたマネジャーは、自分のマネジメント力に落胆します。ビックリ退職ではなく、かなり前から辞める意向を伝えてもらえると、話し合いを何度も持てるので留まってくれる可能性が高まりますし、辞めることになっても、その後の体制を整える時間が生まれるのです。一定の退職はなくならないでしょうが、1on1を行うと、上司と部下双方に納得感を持った退職が増えていくのです。

シリコンバレー企業では仕事上の関係を維持する重要な方法として1on1ミーティングは常識

ここまで1on1のメリット、多くの日本企業で行われていない理由について説明してきました。

一方、世界の最先端の企業が本社を構える米国のシリコンバレーでは、古くから1on1が行われてきました。グーグルでは毎週、上司と部下が30分~1時間の1on1ミーティングを行っています。そして、一番はじめにそれを組織戦略の中の重要な位置づけとして行ったのはインテルでしょう。「インテル社で、ワン・オン・ワンというのは監督者と部下の間のミーティングのことで、仕事上の関係を維持する重要な方法となっている。(中略) 寡聞にして、定例的に予定した形でのワン・オン・ワンというのは、インテル社以外ではほとんど見ることができない」(『インテル経営の秘密』より)。背景には、人種や宗教、価値観が異なる国だからこそ、1対1の対話の重要性を重んじてきたことがあるでしょう。また、転職の容易さも背景にあります。逆に日本の以心伝心のカルチャーが、あらたまった1対1のコミュニケーションを疎外してきたのだと思います。

しかし、ここにきて日本に古くからある「暗黙の了解」「阿吽《あうん》の呼吸」ではうまく機能しなくなってきました。話はしないと伝わりません。いや、話しただけではもはや通じません。ゆとりと言われて、学校や家庭で大切に育てられてきた若者は、それ以前に個別の承認を必要とします。優秀な中堅は、活況な転職市場で引く手あまたです。「強みを生かして働こう」という風潮も強くなり、自分に合わないと思ったらすぐ次に行こうとして、離職率も上がってきました。**日本の企業もシリコンバレーの企業同様に、優秀な人材に自社で活躍してもらうために、より個別に人を見ていく必要が出てきたのです。**

米調査会社ギャラップが2016年に発表したレポートによると、会社を辞めた人のうち、50%以上の人は彼らの上司から離れたいために会社を辞めたということです。**つまり、従業員は会社を去りたいのではなく、今の上司の下から去りたいのです。**人間関係、特に上司との関係が良好なことは、社員の働く大きなインセンティブになるのです。これは対岸の火事と眺めてはいられないでしょう。

日本においては、ITの先進カンパニー、ヤフー株式会社が1on1ミーティングに力を入れています。2012年4月に新体制になり、「社員一人ひとりの才能と情熱を解き放つ」というテーマの下、様々な取り組みがなされましたが、**人事施策の中核の一つが「1on1ミーティング」でした**。上司は直属の部下と週に一度必ず30分のミーティングを行い、部下と1対1で話す機会を持つことになりました。これにより、部下は「見てもらっている」という意識が芽生えてきます。そして、上司側も強制的に部下を「見る」ことで、部下の変化や考えを深く知るようになります。人によっては時間が掛かるかもしれませんが、しかしだからこそしっかりとした信頼関係が生まれて、それが競争優位性にもつながっていくと私は考えています。

体験談（1on1ミーティング後に何が起きたか）

ここでは、実際に1on1ミーティングを行っている方の体験談をご紹介します。

私が関わったクライアントの上司の方と部下の方に聞いたものです。特に実施しての変化や効用について書かれています。

1on1ミーティングを実施している上司の声

■「課題解決の場」ではなく「課題発見の場」として機能している

回を重ねるごとに、話をする際の内容のバリエーションが増えてきました。**最初は手探りでしたが、私の場合は、スタッフの「課題解決の場」ではなく「課題発見の場」として1on1ミーティングが機能しています**。スタッフと「何かこれすっきりしてないよねー」と雑談っぽく話していると「これが原因なんじゃないかな」ということがよく出てきます。

1on1ミーティングを始めるにあたって、「スタッフからの発信の場なので、マネジャーは極力聞き役に徹する」という指導を受けていたのですが、つい話しすぎてしまうこともあります。1on1ミーティングを部下にとって良いものにするためには、マネジャーの力量に引っ張られるところはあるので、質問の引き出しをもっと増やしていきたいです。

（IT　30代　男性）

焦らずじっくり取り組むと新たな面を見つけられる

1on1ミーティングをスタートして半年経って、私も部下もようやく慣れてきた感じがします。1回2回行ったくらいでは、部下がすぐに話をしてくれるわけではなかったです。しかし、じっくり取り組むことで、成長意欲が感じられなかった人が**話をすると意外と熱い想いを持っていたり、話はじめると「これやりたいあれやりたい」というのが出てくることがわかりました**。焦らずじっくり取り組んでいくことで、部下の新たな面を見つけられると思います。当初、時間が取られることに対して良い顔をしないスタッフもいましたが、今では楽しみにしている人も多いです。

（金融　50代　男性）

1on1ミーティングを行っていなければ拾えていなかった

1on1ミーティングを行ってきて、たくさん具体的なメリットがありました。

・異動希望があった者に対してタイムリーな配置転換ができた。
・それまで存在していなかった教育担当をやりたいという要望があった者を登用して、新規に教育部門をつくり任命することができた。
・スタッフの抱えていた問題を共有できて、マネジャーとともに取り組んで克服したら、一体感が生まれた。

など、定期的な1on1ミーティングを行っていなければ拾えていなかった、もしくは漠然としかわかっていなかった問題を明確に拾えて行動にまで移せたことはスタッフにとっても非常に良かったことなのではないかと思います。

（IT　40代　男性）

1on1ミーティングを実施している部下の声

■上司が自分のことをよく見てくれていたことに感動

普段、上司とはあまり話をしていないため、上司がどんなことを考えているのかよくわかっていませんでした。**でも話をしてみると、体調のことを気にかけてくれたり、仕事についても理解してくれていて、予想外にいろいろな所を見ているということがわかって感動しまし**

た。私自身、自分から話をするタイプではないのですが、1on1ミーティングという場をつくってもらって、回を重ねることで自分の考えを素直に話せるようになったのが大きく変わったことです。

（金融　20代　女性）

■あるようでなかなか無かった機会

もともと部内では会話等コミュニケーションもあったため、改まって上司と1対1で「何を話せばいいんだろう?」と思っていたのですが、話をしてみると全然話せていなかったことにびっくりしました。日常でなかなか話せていないチーム内のことを話したり、今の自分の仕事の進め方について上司から意見をいただいたりということは、あるようでなかなか無かった機会でした。また、定期的に話す機会があることで、何か伝えておくことはないかを普段から考えるようになって、**以前よりも部内の人のことをよく見たり気がつくことが多くなったのは自分にとって非常に良い効果でした**。

（人材派遣　30代　男性）

■普段上司に話しかけやすくなった

今まで上司とは仕事の話しかしませんでした。それも、いつも忙しそうなので必要に迫られたときしかしません。**だから、上司がとっつきづらくて、普段気軽に話しかけることがで**

きませんでした。しかし、1on1ミーティングを行うようになってから、上司のプライベートなことや仕事以外の話もするようになり、**こちらから話しかけることができるようになりました**。上司との距離が縮まり、業務上必要な事柄を以前より相談しやすくなって、仕事に取り組みやすくなりました。これは私にとってはとても価値ある変化です。これからは、もっと質問や提案をしていきたいと思います。

（金融　20代　男性）

自分の仕事を振り返るよい時間

今までもマネジャーに仕事の報告はしていたのですが、今まではどちらかというと一方通行で、ただ私が報告しているだけでした。しかし、1on1ミーティングをするようになってから、マネジャーが質問をしてくれるようになり、より細かく仕事のことを話す機会が増えたので良かったと思います。自分の仕事を振り返るよい時間になっています。さらに、普段から自分自身で仕事の仕方について考えることが増えているように感じます。

（IT　20代　男性）

いかがでしょう？　1on1ミーティングを実施するイメージがわいたでしょうか？

第1章「なぜ、今１ｏｎ１ミーティングで人も会社も変わるのか」という部分にかなり重点を置きました。なぜならば、この章を読んでいただいて「あぁ、やっぱり部下と対話するって大事だな」と思っていただくことが一番大事なことだからです。なぜかというと、１ｏｎ１を始めると、最初はよいのですが、だんだんネタがなくなってきたり、なんだか微妙な空気が流れたりということもあります。

私のクライアントの方は、半年間は「なんだかムズムズしました」とおっしゃっていました。ですので、途中でやめたくなることもあるでしょう。ただ、そのときに第1章を思い出してもらい、「やっぱり続けよう」と、また行動していただきたいのです。頻度にもよりますが、3か月から半年続ければ、上司と部下ともに「ムズムズ」もなくなって、お互いになくてはならないものへと育っていくでしょう。次章では、いよいよ具体的にどのように何を行っていくかをお伝えしていきます。

第2章

1on1ミーティングで何を話すのか

――部下と信頼を構築するために

「1on1実践マップ」で全体像をつかむ

「いったい、何を話したらいいんですか？」

1on1ミーティングの話をすると、多くのマネジャーは戸惑いながらこう言います。してきていないし、されてきてもいないので無理もありません。1回だけならまだしも、継続的に話していくとなると、「そんなに話すネタないですよ」というのが本音でしょう。しかし安心してください。多くのマネジャーが最初はそう感じますが、続けていくと楽しんでできるようになっていきます。第2章と第3章では、話の内容（テーマ）について見ていきましょう。

まず結論からお伝えしますと、**1on1ミーティングにおいて話し合うテーマは大きく7つに分類されます。そしてこの7つのテーマを図にしたのが「1on1実践マップ」（左図参照）です**。頭の中にぜひこのマップをイメージしながら1on1を進めていただくことをお勧めします。なぜ、1on1ミーティングにこのようなマップが必

1on1 実践マップ　ー1on1 ミーティングで話し合う 7 つのテーマ

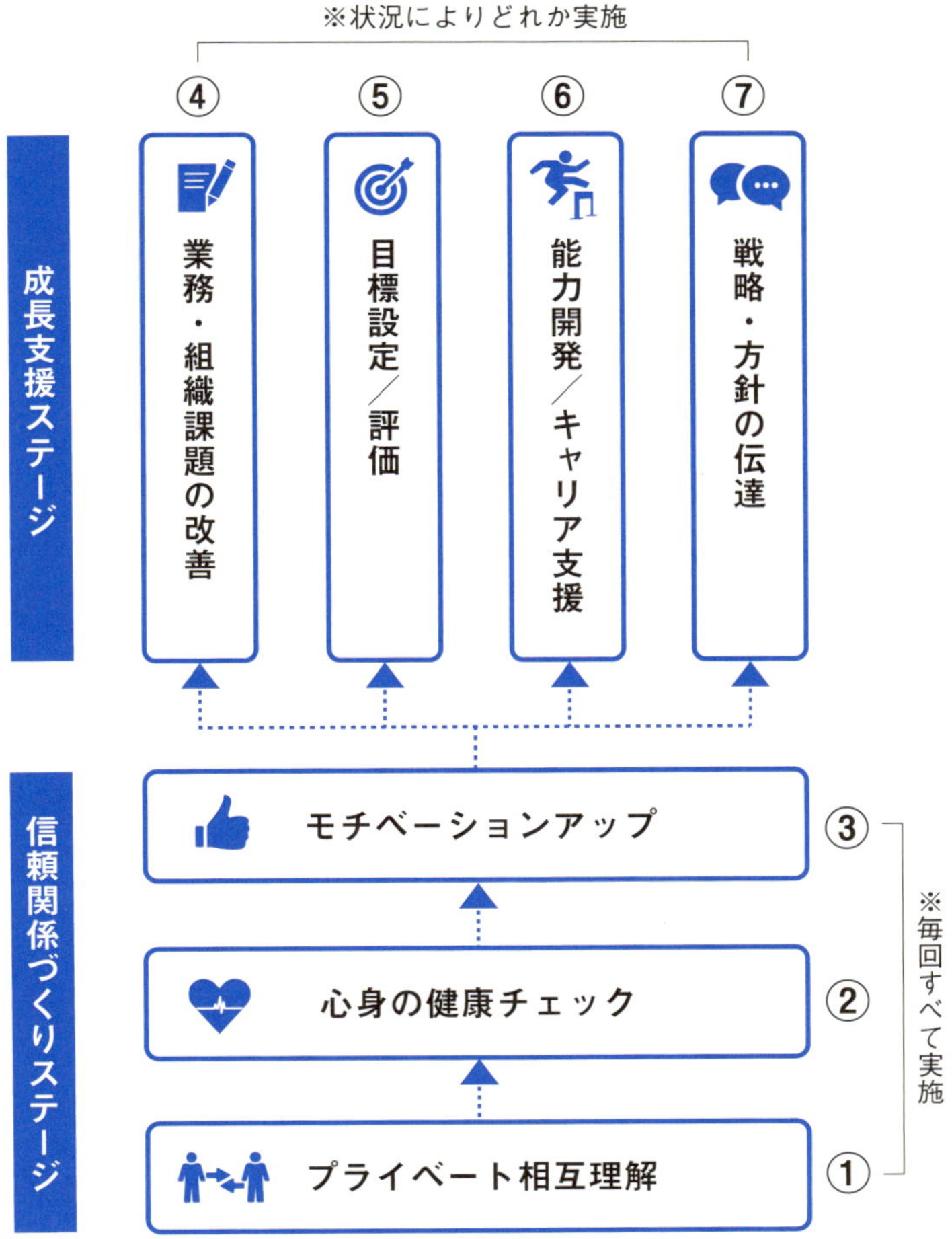

要なのかをご説明させてください。

1on1を始める際、「1on1では何を話せばよいですか?」「何に気をつければよいのですか?」というマネジャーからのご質問がたくさんあり、私は以下のように答えていました。

○雑談でもよいが、雑談ばかりではダメ。

○業務の細かい進捗の話はしない(部下がどうしても話したい場合で、時々ならOK。毎回はダメ)。

○話すテーマのゴールは決める必要はない。でも客観視点で今全体のどこ(where)の何(what)を話しているのか? という意識は必要。ゴールへ誘導するコンパスは必要ないが地図は必要。

要するに、雑談ばかりのゆるい雰囲気ではなく、少し雑談があるような柔らかい雰囲気で上司と部下の話し合いを行ってほしいのです。その際、具体的すぎる話に終始すると、短期的な視野で詰めるような雰囲気にもなりかねません。

ですから、普段あまり話さない抽象度の高い話を中心に、主に視点は中長期で。そして、上司が話を誘導するのではなく、その場の雰囲気や部下の状態に共感しながら、部下の立場に寄り添って話してほしい、ということです。

これらの要素を鑑みて、1on1ミーティングで話すべきテーマに分けた地図のようなものが必要だと思いました。おそらく、優秀なマネジャーは無意識にこのような地図を頭の中に持ちながら話していると思います。この地図で特徴的なことは、最後に明確なゴールが設定されていないことです。なぜなら、上司が持っていきたいゴールを決めて話していると、部下は会話を誘導されている窮屈さを感じます。それでは、自立した部下は育たず、自立している部下は嫌悪感を示してやる気を失います。

一方で、ただゴールも当てもなく雑談を続けていると部下に不安感を与えます。そこで、**きつい管理でもなくゆるすぎる雑談でもない「意図した対話」となって、話の迷子にならないように、話す内容について7つのテーマに分けた地図を作成したのです。**

この1on1実践マップの使い方で注意していただきたいのが、**1回の1on1の中で、毎回話すテーマとそうではないものがあります。**話をする前の準備として、今回はどのテーマを中心に話そうか？　とイメージしたり、話をしている最中に、今ここを話しているから、次にここを話していこうという話の目安をつくる役割を果たします。

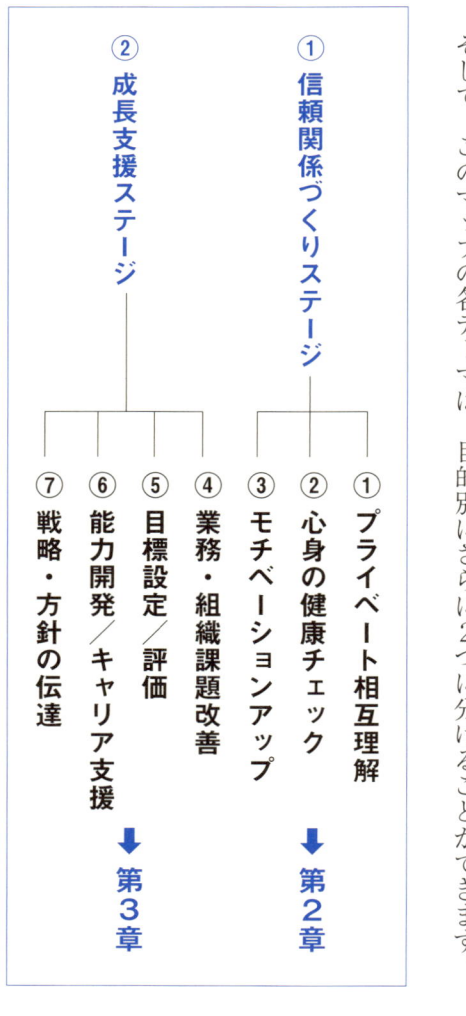

そして、このマップの各テーマは、目的別にさらに2つに分けることができます。

①信頼関係づくりステージ
- ①プライベート相互理解
- ②心身の健康チェック
- ③モチベーションアップ

⬇第2章

②成長支援ステージ
- ④業務・組織課題改善
- ⑤目標設定／評価
- ⑥能力開発／キャリア支援
- ⑦戦略・方針の伝達

⬇第3章

上司と部下の関係とはいえ、根本にあるのは人間関係です。その関係を築く礎となるのは信頼関係です。この土台なくして強固な関係性は築けません。伝えたいことも伝わりません。部下のパフォーマンスにも影響が出ます。だからまずは信頼関係づくりが不可欠です。ですからこのステージの３つのテーマは、１ｏｎ１ミーティング時に、毎回触れていきます。

そして信頼関係をつくりながら、上司が行うべきは部下の成長を支援することです。この部下の成長が組織に高いパフォーマンスをもたらし、チームの結果を最大化させます。**このように、働く人を生かして、組織の目的を果たすことが、かのドラッカーも言っているように、マネジメントそのものなのです**。このステージは、１ｏｎ１ミーティング時に、状況によってどれかをテーマとして話します。

この２つのステージは完全に分けられるものではなく、相互に影響し合っていますが、テーマによって分けて考えることができます。第２章では、信頼関係づくりステージについて、第３章では成長支援ステージについて見ていきます。

マネジャー自己診断テスト

まずは自己診断で現在、主にどのステージを行っているのか見てみよう

※1on1の場面でも、それ以外の場面でも、どちらを想定しても構いません。

十分にできている	10点
できていると思う	7点
できていることもあるし、できていないこともある	5点
あまりできていないと思う	2点
まったくできていない	0点

1：部下のプライベートな状況について必要なことは十分に把握している □
2：自分のプライベートな状況を部下にオープンに話せている □
3：部下の心身の状態について、随時気にかけて声をかけている □
4：部下の仕事のボリュームや残業時間などを気にかけている □
5：部下を承認したりほめたりしている □

6：部下のモチベーションが上がるように指摘をしている □

7：部下の仕事上の不安やモヤモヤしていることについて、よく聴いてアドバイスをしている □

8：緊急度が低く重要度の高いことについて、部下と議論する場が定期的にある □

9：部下と十分な対話を行い、適切な目標設定をしている □

10：評価時に部下が納得感を持てるフィードバックを行っている □

11：部下の業務の振り返りや、そこから得た学びや成長について話をしている □

12：部下の今後のキャリアや将来のことについて話をする機会が十分に持てている □

13：全社や部門の方針、方向性について背景を含めて部下に説明している □

14：上役が集まる会議で決まった事項や情報を、部下に十分に伝達している □

□ 1～7の合計点数　信頼関係づくり　［　　点］

□ 8～14の合計点数　成長支援　［　　点］

自分の点数を確認しましょう

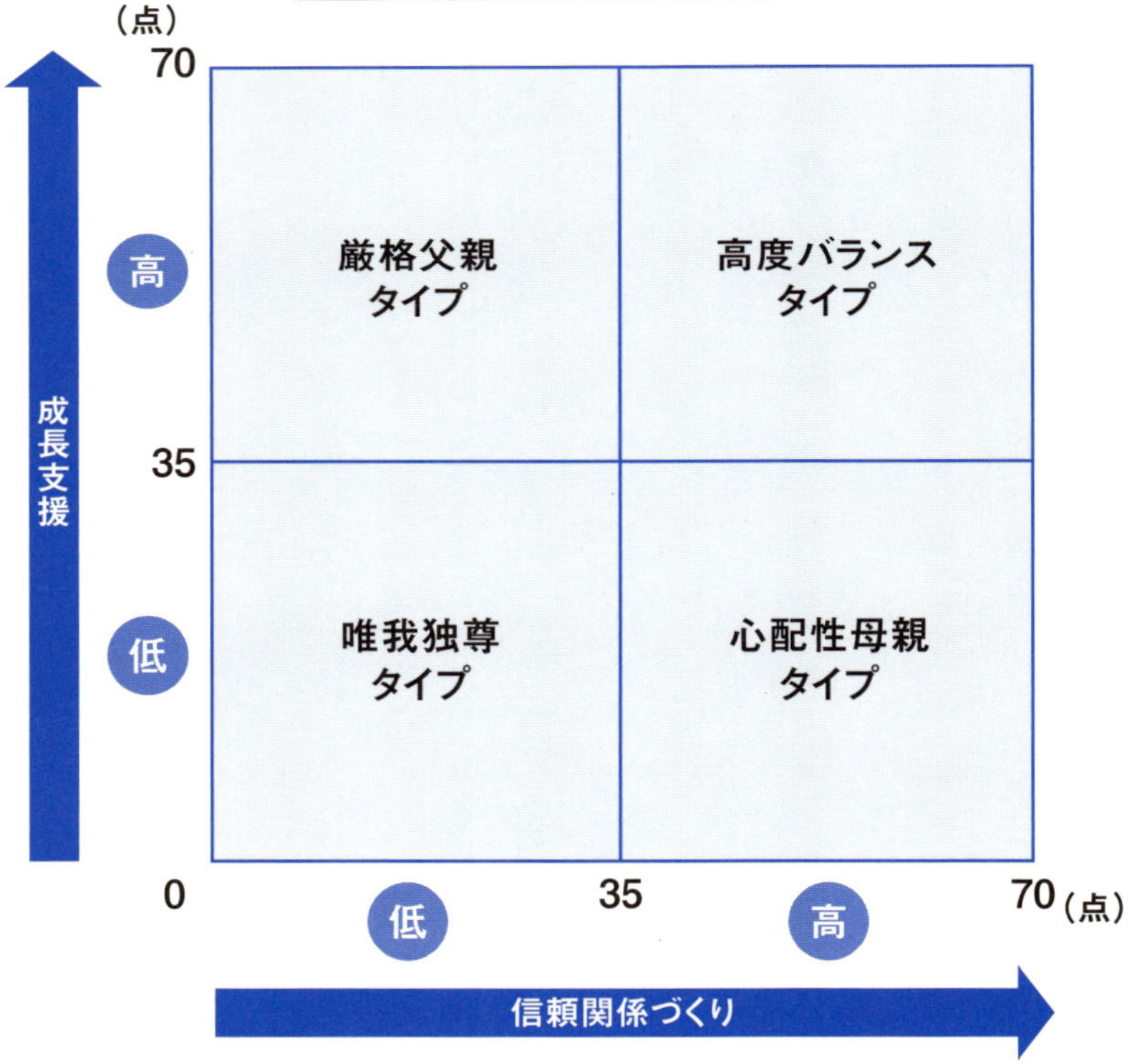

右図と各点数を参考にして、自分がどのテーマ、どのステージに強い、もしくは弱い傾向があるかを確認していきましょう。

では早速、信頼関係づくりを主な目的としている3つのテーマを見ていきましょう。

①プライベート相互理解
②心身の健康チェック
③モチベーションアップ

①プライベート相互理解

プライベート相互理解とは？

プライベート相互理解は、いわゆる「雑談」的な要素が多いテーマです。**効果としては、場を柔らかい雰囲気にしたり和ませたりすることができます**。ですので、主に1on1スタート時点で、あるいは途中で話を和ませたりするのに適しています。

部下の仕事以外の顔をどのくらい知っているか？　話してもらえるか？　というのは信頼関係に影響を与えます。例えば話し始めに、「先週の週末って何やってたの？また釣りに行ってたの？」など、相手の趣味を知っていればそこから和やかな会話が生まれます。これは相手の世界観を大切にして、一個人として尊重していることを示しています。

また、プライベートなことをどのくらい教えるか？　上司に知られてもいいか？というのは、部下にとって信頼のバロメーターとも言えます。部下のプライベートを把握していることで、マネジメントも行いやすくなるのです。

特に、女性の部下のマネジメントがうまい上司は、プライベートな情報を把握していることが多いです。なぜならば、女性はプライベートが仕事に影響することが男性より多いからです。ただし気をつけなくてはならないのは、「セクハラ」「パワハラ」といった問題です。**部下から「聞き出す」というスタンスではなく、「結果として話してもらえる」関係をコツコツとつくっていくスタンスが重要です**。

あなたは部下のことを仕事以外でどれほど知っているでしょうか？

現状を確認するためのチェックテストをしてみましょう。

レベル1

- □名前をフルネームで漢字で書ける
- □実家（出身地）を知っている
- □現在どこに住んでいるかを知っている
- □兄弟構成（例：兄―部下―妹　3人兄弟）を知っている
- □学生時代最も力を入れていたことを知っている
- □現在の趣味やはまっていることを知っている
- □週末にたいてい何をしているかを知っている
- □好きな食べものと嫌いな食べものを知っている

レベル2

- □どんな子どもだったか（幼少期のエピソードや当時の夢）を知っている

□仕事以外でのつらかった経験について知っている
□尊敬する人を知っている
□将来について（何をしたいか、どんな夢があるか）知っている
□やる気が上がることを知っている
□仲の良い友人関係について知っている（例：学生時代のゼミ仲間、趣味のサイクリング仲間等）
□好きなタイプと苦手なタイプ（仕事上、プライベートで）を知っている

レベル3

□社内にいる嫌いな／苦手な人を知っている
□コンプレックスについて知っている
□持病や普段あまり人に言わない身体のことを知っている
□夫／妻、彼氏／彼女などパートナーとの込み入った話を知っている
□家族間の特にネガティブな込み入った話を知っている
□会社の人には言っていない話を知っている

21問（40点満点）
レベル1 8問×1点＝8点
レベル2 7問×2点＝14点
レベル3 6問×3点＝18点

あなたのチェック数

	レベル1	レベル2	レベル3
	□×1＝	□×2＝	□×3＝
小計	□点	＋□点	＋□点

合計 ＝□

《合計点》

40点　：ストーカーの可能性があります（笑）
35〜39点：部下が好きで部下に信頼されすぎています
31〜34点：非常に相互理解が進んでいます
26〜30点：バランスよく相互理解されています
21〜25点：一般的な水準でしょう
11〜20点：もう一歩。意図を持って話をしていくとよいでしょう
6〜10点：おそらく新任マネジャーでしょう
0〜5点：人に興味を持ちましょう

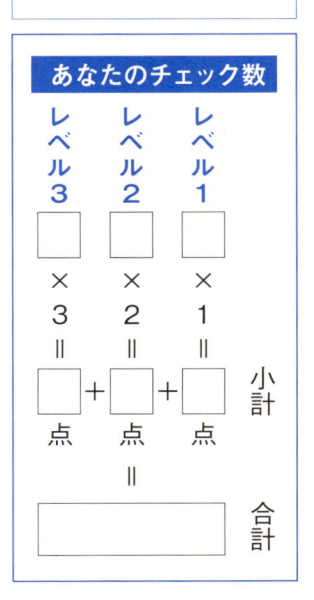

これらの質問は、良いタイミングがあれば聞いていくとよいですが、レベル3などは、わざわざこちらから聞くことでもありません。1on1ミーティングを重ねていって、信頼関係が築ける中で、自然に知ることになっていくでしょう。ですから**これは、どこまで今自分が聞けているか、信頼関係が進んでいるか、を見る指標としていただければと思います。**

部下をオープンにさせるための「自己開示」法

あまり自分のことを語りたがらない部下には、まずは上司自身のことを知ってもらう努力も大切です。なぜなら信頼「関係」とは相互の理解から成り立つものです。そうすることで、部下のことを深いレベルで知ることもできるのです。

部下の心を開いてもらい本音を言ってもらうために最も効果があるのは、実は「自分の言いたくない、出したくない情報」をまず相手に出していくことなのです。

人は秘密の話やここだけの打ち明け話、悩みごとや失敗などの自己開示をされると、自分もオープンにしようという気持ちになりますし、相手との心の距離感がグッと縮まります。いかに自分なりの自己開示話を持っておくかが大事です。以前の職場にいた伝説の営業マンは、お客様に必ず「彼女とうまくいっていない」というプライベートな話をしていました。そうすることで初対面のお客様との心の距離を縮めていました。

もちろん状況を見ながら話すことは大事で、帰り際に相手が気を許したタイミングなどに話を差し込むのです。こういった話は相手に安心感を与えます。そして「どうしたらいいですかね？」と相談にまで発展していき、次回の訪問でお客様から「で、彼女とどうなったの？」という言葉をもらって、またグッと関係性を近づけていました。そういった強固な関係性により、クレームになった案件もうまく取りまとめることに成功していました。このやりとりには「返報性の法則」という心理対話スキルが働いています。自分が言いたくないであろう秘密の情報を言ってくれたことに対して、自分も相手にお返ししたいという思いが働きます。もちろん、相手とまったく信頼関係がないのにいきなりプライベートすぎる話をしても相手に引かれてしまうので、徐々に行うことは大切です。

❖ポイントは自分から秘密や悩みごとを開示していくことです。

「4つのレベルの雑談」で意図した雑談をする

仕事以外の雑談をするのに抵抗がある人もいるかもしれません。雑談に意味があるのか？　と考える人もいるでしょう。私は**雑談にもレベルがあって、レベルが高くなるほど相手の深い部分を知ることができて信頼関係が深まる**と思っています。目的に応じて、レベルの異なる雑談をすることがマネジャーにとって必要と考えます。

レベル1　内容を話す（世間話）

「週末のニュース見た？　ぶっそうだね」

「私も見ました」

これは、旬の話題やチームに起こった出来事など、**部下自身とは関係のない話で共有できる話をすること**です。アイスブレイクの要素が強いいわゆる「世間話」です。

レベル2　内容を聞く（部下自身の話）

「週末は何をしてたの？」

「この週末は家でゆっくりしてました」

これは、**部下自身が経験した出来事を聞く雑談**です。実際に部下が行ったことを軸にして、話を膨らませていくことができます。しかし、部下が特に話題になるネタがない場合には、あまり盛り上がらない可能性があります。雰囲気をよくして1on1をスタートさせることができないかもしれません。そこで、レベル3です。

レベル3　感情を聞く

「週末は何しているときが楽しかった？」もしくは「何しているときが楽しいの？」と、部下の感情を聞いていきます。

部下に、感情を聞くことで部下はその感情に沿ったこと（ここでは楽しいこと）を探しに行きます。そうすると、楽しい雰囲気で1on1を始めることができます。**相手の感情に触れることで、相手の状態や場の雰囲気を変えることができます。**

レベル4　価値観を探る

「週末は何をしてるのが楽しいの？」

「友達みんなでワイワイBBQしたりして騒ぐのが好きです」

「いいねー。私は少人数でいることが多いんだけど、**皆でワイワイやることの醍醐味ってどんなところなの？**」

「やっぱりたくさんの考えが異なる人と話せて刺激がもらえることですね」

「ほー、それって何か仕事と関係することってある？」

「大ありですね（笑）。私のベースになっている価値観だと思います」

このように、**雑談で知ることができる内容「好きなことや苦手なこと」「楽しいことや苦痛なこと」というのは、その人の価値観を反映しているものです**。雑談を媒介にその人の価値観を知る機会でもあるので、チャンスがあれば、雑談の質を高めていって、部下の深い部分まで理解していくことが可能なのです。

どう「自然に」話を切り出すか？

雑談は、あくまで自然に話すことが求められます。プライベートな話を事前にメモして、「では、次に先週の週末やっていたことについて教えてください」と読み上げるように質問するマネジャーを想像すると滑稽です。

しかし、話をスムーズに進めるためにも、慣れないうちは事前にある程度は考えておきたいものです。それをどう「自然に」切り出せばよいのでしょうか？　ここでは5つのポイントを挙げていきます。

1．さも「今」思いついたような調子で以下の言葉を枕に話す

（適当に話してるなーというくらいがちょうどよい）

「そういえば」「ちなみに」「今思いついたんだけど」「全然関係ないけど」

2．まず自分から情報を話す延長で相手からの話を聞き出す

「昨日寒かったねー、外で買物してたから凍えたよ。○○さんは昨日って何してたの？」

3．言いづらいことを言うときはクッション言葉を

「差し支えなければ」「大丈夫だったらでいいけど」「心配だから言うんだけど」

4. 部下のプチ情報を収集しておく

「そういえば、週末イベント行ってたみたいだね。○○さんが話してたよ」

5. 今の変化を捉える

「そのネクタイ珍しいね」「髪の毛切った？」

このように、特に冒頭でのプライベートな話や雑談では、自然さをある種演出します。このようなことに気をつけながら、あとはとにかく数をこなすことで自分のものになってきますので継続して行っていきましょう。

「100％受け入れられている」と感じてもらう雰囲気のつくり方

プライベートなことを話してもらうためには、雰囲気が重要です。人は環境によって気分が左右されるものです。そのために上司に1on1の最初の方で特に意識してほしいのは、**部下の話に、自分の「納得」を求めるな、ということです**。**上司が「納得する」ための時間は上司のための時間になります**。1on1は部下のための場です。**つまり「納得」ではなく「共感」のスタンスで臨むのです。ここでいう共感とは、100%賛成でも反対でもなく、事実を受け取ったということと、自分の意見と同じ部分を探すということです。**この「共感」が「100%受け入れられている、何を言っても大丈夫という安心安全の空間」をつくります。

逆に言うと、1on1を継続するためには、この場が「嫌」な場という感覚を部下に持たせることは致命的なのです。毎回上司を納得させるために、部下が理論武装をして上司を説得モードで1on1に臨むと緊張して疲弊していきます。

共感は相手に味方と認識させますが、説得は敵と認識させます。実際に私のクライアントのある組織において、部下が上司を納得させないと物事が進んでいかない風土が出来上がっていました。そこで、担当のY本部長は組織に「共感」の感覚を持たせるために、まずは部下であるH課長とこんな話をしました。「Hさんがメンバーと共感できる事実を増やしていってください。時間通りに始めることが好きとか、物事を分析しているときが好きとか何でもいいんです。お互い共感できていないのに一緒に進んでいくのはつらいものですよね。共感性が高まっていくと話も弾んでいくし、アイデアもたくさん出てきますよ」。

共感は安心と勇気を与えていきます。それから3か月して組織は見違えるように活気が出てきて、売上も順調に伸びていきました。その中で、1on1ミーティングは組織を変革する核の取り組みとして行われました。**すべては、相手を100%受け入れるという共感の姿勢から始まったものでした**。

②心身の健康チェック

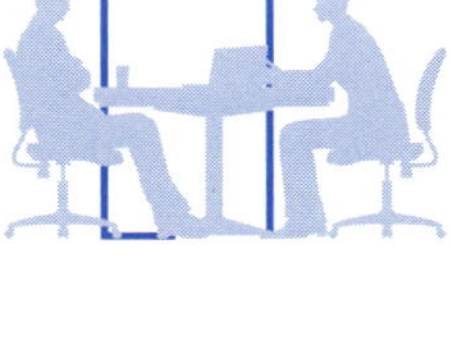

心身の健康チェックとは、心身の状態や業務量、業務時間などを確認することです。**1on1ミーティングでは毎回何のテーマを話してもよいのですが、特にこのテーマは毎回必ず確認してください**。なぜなら、タイミングが大事だからです。もし体調が悪くなっていることに気づくタイミングが遅くなると、取り返しがつかなくなる恐れもあるからです。

これは、管理者という立場上も重要なことです。部下が今「何の」仕事をしているかをわかっているのと同じように、**今部下が「どのような状態で」仕事に取り組んでいるのかを知ることも、管理者としての役割だと私は考えます**。なぜなら、仕事の結果に関わってくるからです。

必ず確認しなければいけない項目は以下2つです。

1．体調確認（メンタルと身体）

・最近寝つきが良くない
・早めに起きてしまう
・疲れやすい、だるい

これらはメンタル不調の最初のサインです。そしてこう答える人は意外に多いのです。厚生労働省の平成26年「国民健康・栄養調査」によると、睡眠で休養が充分にとれていない者の割合は20％でした。日本人成人の20％が慢性的な不眠に悩まされているのです。このような回答があった場合には、少し深掘りをして原因を聞いてください。薬を飲んでいるか？　などもです。その後懸念があった部下には、以下のような行動を取ります。

○今回は、経過観察として次回も進捗の確認を行う

○人事や会社の適切な部門への相談にさりげなく誘導する

○病院に行っていなければ、促してみる

※組織で方針が決まっている場合は、それに従ってください。

《例1》

上司「最近朝晩で寒暖差激しいけど、身体もメンタルも大丈夫かな？　ちゃんと睡眠取れてますか？」

Aさん「問題ないです。寝れてます」→**OK**

Bさん「あまり寝れてないのですけど、昔からなので大丈夫です。身体も問題ないです」→**OK**

Cさん「最近あまり寝れてないんですよね。身体もちょっとだるいですね」

上司「最近っていつくらいから？」

「病院とか行ってる？」

「薬とか飲んでるのかな?」

2. 業務量

・残業が多い(業務量が多すぎるか確認)
・帰るのが早い(業務量が適切か確認)

残業や業務量の過多など、本人ではどうしようもなくなっている状況についても確認して、**必要であれば別途時間を取って、タスクの洗い出しや効率化できる方法、さらには優先順位をつけて、やることとやらなくていいことを分けるなどを一緒に行ってください**。

《例2》
上司「業務のボリュームとか帰りの時間は最近どう?」
Aさん「問題ないです」**↓OK**
Bさん「帰りはいつも終電近くで、今抱えている案件が手離れ悪くて大変です」
↓期間が限定していて部下も一時なので問題ないということならよいです

が、部下が自分でコントロールできそうでなければ、別途時間を取って業務の整理を行いましょう。

私のクライアントには、部下の全般的な体調や状態をスマイルマークで記録している方がいらっしゃいます。この記録を時系列で分析すると、部下がメンタルや体調を崩す原因が明確になってきます。１ｏｎ１を実施する度に定点観測をしていく意味のある項目ですので、この項目は毎回確認していきましょう。

＊参照マーク

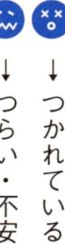

・超スマイルマーク  ↓とても良い
・普通スマイルマーク  ↓普通に良い
・疲れたマーク  ↓つかれている
・泣き顔マーク  ↓つらい・不安だ
・怒りマーク  ↓イライラしている

4章でご紹介する1on1ミーティング実践シートの②の項目に右記マークを記していくと効果的です。

※巻末に心身の健康チェックの質問一覧あり

③モチベーションアップ

モチベーションアップには2種類ある

1on1の大きな成果の一つは、部下のモチベーションが上がったかどうかです。1on1を行う度に部下が憂鬱な気持ちになるようなら、1on1を行うべきではありません。部下のダメ出しばかりを行い、自分のアイデンティティを誇示して、上司自身のモチベーションが上がっているような1on1は最悪です。上司の役割は、部下のパフォーマンスを上げてチームとして結果を出すことです。その意味でここでいう「モチベーションアップ」には2種類あります。

1. マイナス面を最小化すること→モチベーションを下げる要因を取り除くこと
2. プラス面を最大化すること　→モチベーションを上げる要因を高めること

まずは、マイナス面を最小化することについて詳しく見ていきましょう。

1. マイナス面を最小化すること
→モチベーションを下げる要因を取り除くこと

- 主に行うこと：聴ききる
- テーマ：漠然とした不安（プライベートの問題、キャリアの問題、業務の問題等）
- 例：「仕事やプライベートで、何かモヤモヤしていることとかある？」

マイナス面を最小化するのにマネジャーがまず行うのは、部下の話を「聴ききること」です。なぜ「聴ききること」が部下のモチベーションを上げるのでしょうか？

これを考えるために、まず話を「聴いてもらっていない」ときに、部下がどういう

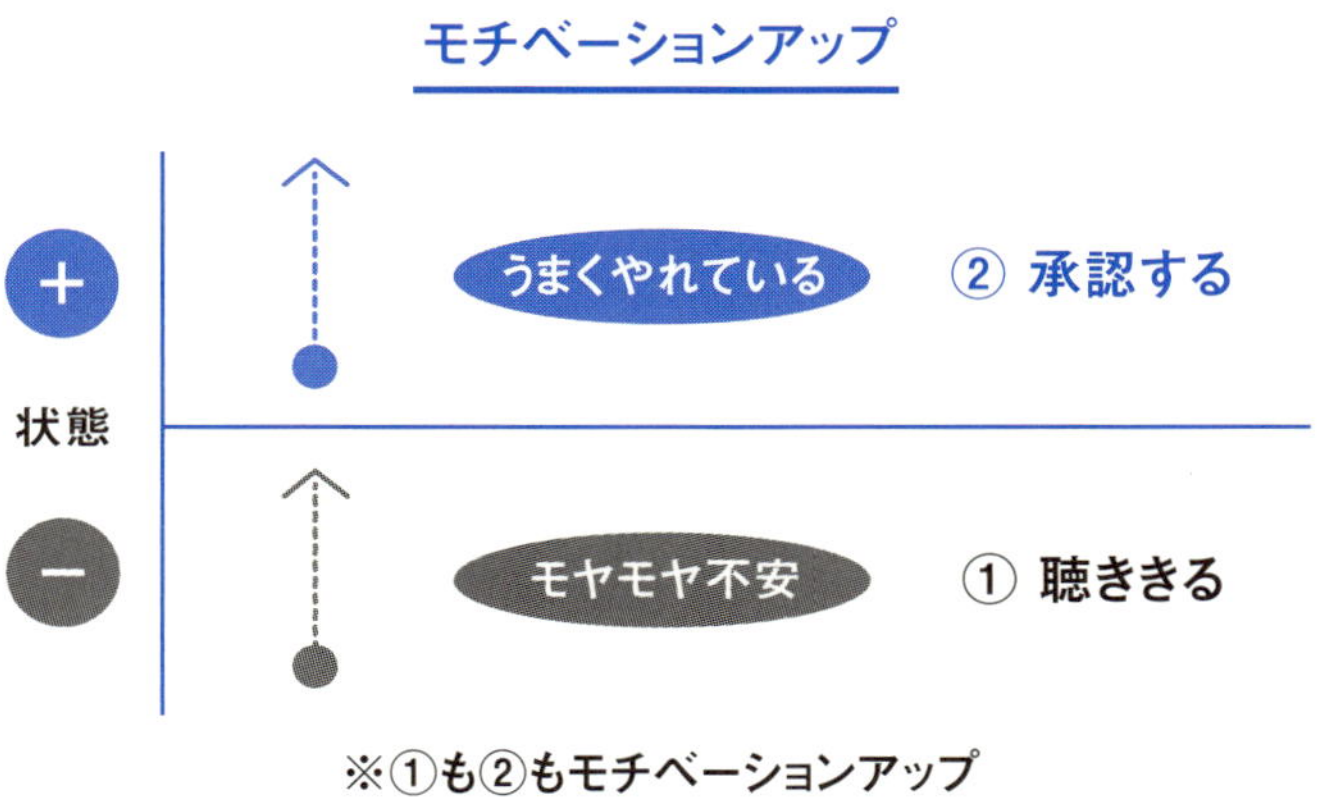

状態なのかを見ていきましょう。まず一つには、人間マイナスなことを考えているとき、感情的にやる気がなくなったり、身体がだるくなったりします。そしてもう一つは、ネガティブな感情に時間が奪われて集中できない状態になります。漠然とした不安や実態がよくわからないモヤモヤしたことは、頭の中で出口なくグルグルと回り続けます。一度忘れても、また思い出してグルグルするのです。

「この前、お酒の席で口ごたえしたことを先輩まだ怒ってるかなぁ？　でも結構時間経ってるし大丈夫だと思うけど。でもあの人結構根に持つタイプな気がするんだよなー。表情と心で思ってること違うしなー。

でもお酒の席だし先輩だし許してくれるかな……」このように、自分の内側でグルグルと一日中無意識に話されるのです。この内部対話を心理用語で「マインドトーク」と呼びます。

マインドトークは外側に出さずにいるとグルグルと内側で「回り続ける」性質を持ちます。ですので、外に出させて、クリアにすることが大切なのです。全部吐き出させるために、上司は聴ききるのです。

しっかりと聴いてもらった場合、部下は「なんだかお話して、すっきりしました」と言います。だから、聴くだけでよいのです。中途半端に、表面上「説得」されても、自分の言いたいことが言いきれていないと、「説得」されたことを自分自身が「納得」したと勘違いして、またグルグル回り出すのです。**前述したように上司は「説得」ではなく「共感」をしながら聴くことに徹して、部下の話を聴ききること**。**聴ききることで、「モヤモヤ」が外に出て、やがて部下の中から消えていくのです**。

極論を言えば、部下からの信頼は「アドバイスをすれば下がり、最後まで話を聴ききれば上がる」のです。

2. プラス面を最大化すること→モチベーションを上げる要因を高めること

◉主に行うこと：ほめる・承認する
◉テーマ：部下に変化があった言動や良かった行動
◉例：「この前の会議の進め方良かったね」

毎回ほめるところを探す

通常の状態の人をモチベーションアップするのに効果的なのは、やはり「ほめる」ことです。**まず、毎回の1on1で必ずやっていただきたいのが、前回から今回までの間で発見した部下の良い言動や結果について伝えることです。**小さなことで構いません。「あの発言良かったね」「前回言ったことやれてるね。いいね」。**Facebookの「いいね」の感覚で気軽に自分が言えるようになりましょう。つい軽視しがちですが、実はこれは一生ものの大きなマネジメントスキルになります。**

「ほめる」ことと「承認」の違い

この「ほめる」ことについてですが、研修でマネジャーの方に「部下をほめてください」と私が言うと、「何か気持ち悪いですよね」と抵抗が生まれる人は実は結構多いです。普段自然にほめることをしていない人ほど、違和感が生まれてきます。ですから私は次に「ほめなくてもよいので承認してください」と言います。そうすると、受講者はたいていきょとんとした顔をします。さていったい「ほめる」と「承認」の違いとは何でしょう？

「ほめる」というのは、例えば「クライアントへの対応が細かくていいよ」「君って報告早くてすごいね」というように、**その人についての話し手の評価や意見です**。だから、話し手自身が本当にそう思っていないと気恥ずかしさがあります。また、話し手の意見ですので、受け手がそう思っていない場合には素直に受け取りにくい場合があります。

一方で、「承認（アクノレッジメント）」は、「最後までやりきったね」「いつも一番に電話を取るね」というように、**事実を認め、それをそのまま伝えることです**。ですので、話し手は客観的事実を伝えるだけなので「嘘」ではなく言いやすいのです。また、受け手も事実なので受け取りやすく、円滑なコミュニケーションが行えます。

簡単に言うと、「髪切ったね」が「承認」で、「髪切ってかわいいね。似合うよ」

が「ほめる」です。事実と主観の違いですね。

承認は、1on1スタート時のアイスブレイクにも使えますし、携わっている業務の話になったときに、「その業務に対する君の評判聞いてるよ……」と途中で切り出すこともできます。まずは、「承認」を確実に行った上で、あわせて「ほめる」ことを行っていくと効果的でしょう。

人が一番うれしく感じる「最高のほめ方」とは？

人は誰であれほめられたり、承認されると嬉しいものです。もちろんポイントがずれたほめ方ですと、素直に受け取られない場合もありますが、ほとんどの場合は好意的に受け止めてくれるでしょう。

相手をほめることで、1on1の滑り出しを和やかにしたり、ちょっと行き詰まった場の雰囲気を変えることができます。そのためにも、部下をほめる材料を事前に用意しておきましょう。どのように準備するかですが、まず日々の中でアンテナを張って、自分でほめるポイントを見つけていくこと、そして他の人がほめていた内容を覚えておくことです。これを忘れないよう材料としてメモしておきます。

例えば、Aさんと関わりのある他部署の人に情報を収集しに行くのです。「最近、うちの部署のAくんどうですか？　貢献できてますか？」それについて他部署の人が「最近、課題を掘り下げて聞いてくれて、無駄な手間がなくなってとっても助かってますよ」などという言葉をもらったらストックしておきます。自ら質問をして意図的に言葉をもらっていくことが重要です。

こういった事前の準備とともに、さらにお薦めしたいのが1on1の最中に情報収集するということです。これは部下のほめどころを探すこと以外にも、多くの副次的な効果があります。**例えば、「最近、チーム内でいいなって思う人いる？」と部下であるAさんに聞いたとします。**

これには、Aさんの視点を他の人に向けさせて視野を広げるという教育的効果がまずあります。続けてAさんが「Bさんが最近いいですね。先日も依頼した案件をこちらの予想以上に仕上げてくれて、本当に助かってます」と、感謝の気持ちを思い出すかもしれません。そうするとAさんの状態が良くなります。**人間は感謝の念を抱いているとき、非常に幸福感が高まって良い状態になると、ポジティブ心理学の様々な研究で実証されています。**

最高のほめ方 ＝ 間接ほめ

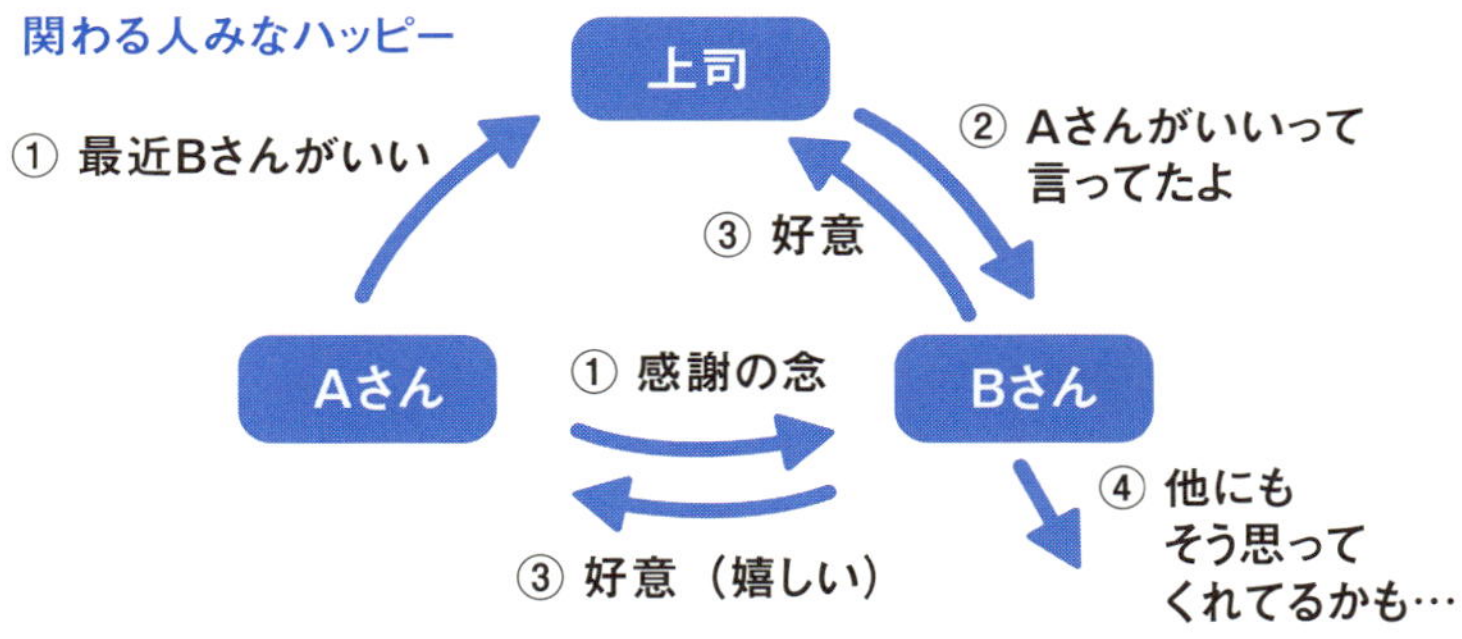

そして、次回のBさんとの1on1のときにこの内容を伝えたならば、Bさんのモチベーションが上がります。さらに良いことに、**この「間接的なほめ方（AさんがBさんのことほめてたよ）」というのは「最高のほめ方」なのです。** 当事者を直接ほめるよりも嬉しさが増してくるのです（上図）。

なぜなら、「陰でそんなふうに良く思ってくれてたんだ」とBさんがAさんに好印象を持つようになり、それを伝えてくれた上司に対しても好感を持つからです。さらにBさんは、自分の良い面が陰でドンドンと広がるイメージを持ち、気分が良くなります。結果、関わる人すべてにプラスの効果をもたらして、部署全体に良い影響をもたらします。

自分の良いところを話すのは自慢するようで抵抗がある人も、人のことについては長々と話してくれたりします。心理学的には、人のことをよく言うことで自分を良い人と思わせたい効果もあります。ですから、「良いところ」という枠付けをされて問われると、材料も出てくるものです。

さらに、AさんがBさんの最近良かった「具体的な事象」を教えてくれたら、本来ならば注目されなかった言動に光を当てることができます。良かったと思える一つの言動や事象には、組織として模範となるような要素が含まれているはずです。例えば「Bさんと仕事の話をしていると、必ず問題点を書いて、皆にわかるように共有してくれるんです。それは、本当に助かってますね」。こういった具体的事例を他の人に話していくことは、Bさんの言動の素晴らしさに留まらず、上司として組織の方向性を指し示すチャンスにもつながっていくのです。1on1を活用することで、1粒で10にも20にもなる美味しい効果が得られていきます。**「最近いいなって思う人いる？」を口癖にしていきましょう**。

第3章

1on1ミーティングで何を話すのか

――部下の成長を支援するために

成長支援ステージ

1on1が機能するために、まずは上司と部下の信頼関係が土台として必須です。**そして、同時に1on1で行うことは部下の「成長支援」です**。部下が能力を高めて結果を出し続けていくのをサポートするのが上司の役割です。**大事なことは部下の「仕事」のサポートではなく、部下が「成長する」サポートだということです**。

では具体的に「部下の成長支援」とは何をすることでしょうか？　まず初めに思いつくのは、ＯＪＴ（オン・ザ・ジョブ・トレーニング）です。これは現場の仕事を通じて業務を教えていくことです。できないことができるようになって、部下が成長していきます。

ＯＪＴでは主に、「仕事の内容」について教えます。これにより、ひと通り習慣化された業務は慣れとともにできるようになっていきます。そうして現場の業務が自分できるようになると、多くの企業ではあまり仕事を「教えなくなります」。仕事をする上で教えることがなくなるからです。「最低限は教えたから、あと必要なことは自分でいろいろ考えてやってね」という世界に移行していくのです。

つまり、今、多くの企業で行っている部下育成とは、**仕事の「内容」については教えるのですが、仕事の「プロセス」で生じる気づきや学びについては、ほとんど触れないのです。**なぜなら短期的な結果には直結しないからです。**しかし、業務を自立して行い、自ら改善を繰り返しながら中長期的に結果を出し続ける人を育成したいのならば、この時間は必須です。これこそがマネジメントであり、それを1on1ミーティングで実現するのです。**

これを行うにあたって、1on1実践マップの以下4つのテーマを紹介していきます。

④業務・組織課題の改善
⑤目標設定／評価
⑥能力開発／キャリア支援
⑦戦略・方針の伝達

④業務・組織課題の改善

「部下は、業務上不安なことがあればすぐ私に聞いてきて、頻繁にコミュニケーションを取っているので1on1ミーティングとか必要ないですよ」

そうおっしゃるマネジャーの方がいました。

「どんなことを話されているんですか?」

と私が聞くと、

「部下が自分で決められないこととか、わからなくて進められないときが多いですね」

とおっしゃいました。こういう回答をされるのはごく一般的だと思います。ここで、有名な緊急と重要のマトリクスを見てください（左図）。

部下が自分で決められない、わからないことがあって前に進めないときというのは、部下にとって緊急度も重要度も高いⒶの領域のときで、このときに部下が上司のとこ

緊急と重要のマトリクス

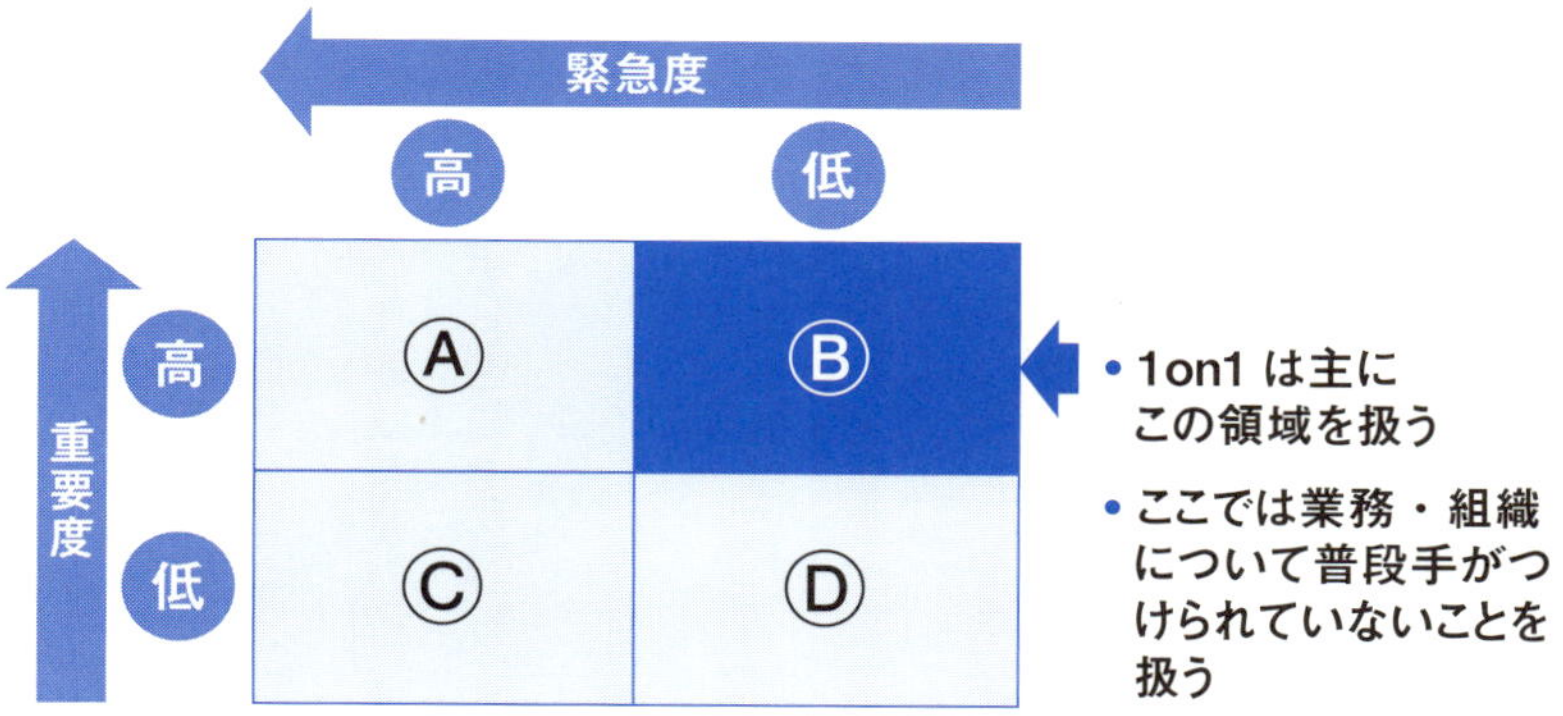

ろに「ちょっといいですか？」と報告や相談に来ます。しかし期限が決まっていない、重要だけど緊急ではないⒷの領域についてはなかなか話し合わないのです。例えば、「チーム内の情報共有のやり方を決めて知識共有の仕組みをつくる」といったことです。

多くのマネジャーが、忙しい忙しいと言って1on1に二の足を踏んでしまうのは、Ⓐの領域の仕事が多いからです。もしくはⒸの領域です。**しかし、Ⓑの領域に手がつけられれば、最初は忙しいですがⒶの領域は削減されていって計画的に仕事が進められるようになります**。

部下との対話も同様に、Ⓑの領域つまり、緊急度は低いが重要度が高いものについて扱うことです。言い方を変えると、**1on1では数字や具体的案件の進捗確認などの目先の成果に関することは扱わないのです。**

このカテゴリーでは、それを前提とした上で、

1. 業務改善（①現状業務の把握　②現状業務の改善）
2. 組織改善（③組織への貢献）

この2点について、話し合いをします。

これら、将来起こりうるリスクを先回りして考えたり、業務をもっと効率的なものにしていくアイデアを出すこと。そして部下の視野を広げていくことは、目先の結果を出すためにはそれほど重要ではありませんが、中長期的に結果を出し続けていくためには必要なことです。それでは、具体的な質問例とその質問の意図について見ていきます。

質問例と質問の意図

①現状業務の把握

□今の業務のポイントを教えてください

（部下の業務内容を把握します。上司がポイントを把握している場合は、部下が把握しているか確認することで、現状の習熟度や部下の能力を把握します）

□今のクライアント担当者ってどんな人なの？（現在の業務で関わっている人を知る）

（仕事関係者の人物像をどのように捉えているか？　良いところと懸念点がバランスよく見えているか？）

□うまく進んでいると思うけれど、今後もし懸念があるとするとどういうところ？

（未来のリスクをどれだけ予測して、解決策を考えているか？）

□今の業務を自分の知り合いに説明するとしたら何て言う？

（どの視点で業務を捉えているかの確認。業務の内容だけか、意義まで感じているか？）

□もう少し任せてほしいなどの要望はあるだろうか？

②現状業務の改善

□今の業務で困っていることって何かある？

（少し短期の視点で問題になっていることの確認）

□今の業務全体で難しいことってどんなことなの？

意外に難しいなー？　ってことはある？

（業務全体の中で、無意識に時間や労力がかかっているところを意識化して、アドバイスができるものがあれば確認する）

□今の業務に何があったら、もっとうまくできたり、精度が上がると思う？

（今よりも生産性を上げるための手段の検証を行う。自分の能力や人間性、自分以外のリソースで何があるかの可能性を問うことで、問題意識のレベルが確認できる）

□今の業務について、何か私にこうしてほしいなどリクエストはある？
（例：もっと任せてほしいとかアドバイスが欲しいなど）

③組織への貢献

□今のチームの良いところと課題って何があると思う？
（自分を超えた視点がどれだけあるかの確認）

□もっとチームを良くするために何ができるだろう？
（当事者意識を持たせる働きかけ）

□○○さんから見て今のチームメンバーって力を発揮できていると思う？
（チーム全体や、チーム個々のメンバーについてどのように見ているかの確認）

□最近、調子いいなと思う人とか、大丈夫かな？　って気になる人とかいる？
（調子や評判の良い人を聞くことで、評価の参考になるのと、間接的に相手をほめ

ることができて、組織全体の雰囲気が良くなる。間接的にほめられるのが人間は一番うれしい。また、心配な人も同時に聞きます）

□今、課の戦略方針を考えているんだけれど、ちょっと相談にのってもらえるかな？
（部下の目線を上げます。特に優秀な人に行います）

これらの質問をしていき、部下の考えを深掘りしていきます。

「お前はわかってないな」から「私に教えてくれないか」へ

これらの質問を行っていく上で注意しなくてはいけない前提があります。上司はアドバイスするのを少し、いや「かなり我慢する」ということです。

業務に関するテーマを扱ったときに、上司と部下の間でよく見られる光景があります。

《NGパターン》

上司「最近業務で困ってることとかありますか？」

部下「そうですね、最近自分の部下に業務を渡すときに、自分で考える癖をつけてほしいので、あえて細かく説明せずに、悪く言うと丸投げしているんです」

上司「なるほど」

部下「そうしたら、『ちゃんと業務を整理してもらわないと困ります』って部下に言われて、いやそこも考えてほしいんだけど……って思ってるんです。そこのバランスが難しいな、と」

上司「まずさー、その業務を整理してから投げるべきじゃないかな。業務の難易度と彼のレベルを合わせてやるのが正解だよね」

部下「まー、そうなんですけど……」

このように、上司が答えを持っていて正論を語り、それを聞いた部下は「そうですね」としか言えずにテンションが下がり、なんとなくギクシャクした雰囲気が流れます。それを見た上司は、「わかってないのかな?」と、さらに同じアドバイスを重ねていきます。そうすると、部下のモチベーションがさらに下がっていくのです。

この根底にあるのは、上司は答えを持っていて部下は持っていないという前提です。部下は「困っている」と言ったので、答えを持っていないだろうと思いがちです。しかし、このときの答えは一つではないので、部下にそこを考えさせるのが上司の役割です。このとき必要な前提は、**「お前はわかってないなー」という姿勢から「今考えていることを私に教えてくれないか？」に変えることです**。

《OKパターン》

上司「最近業務で困ってることとかありますか？」

部下「そうですね、最近自分の部下に業務を渡すときに、自分で考える癖をつけてほしいので、あえて細かく説明せずに、悪く言うと丸投げしているんです」

上司「なるほど」

部下「そうしたら、『ちゃんと業務を整理してもらわないと困ります』って部下に言われて、いやそこも考えてほしいんだけど……って思ってるんです。そこのバランスが難しいな、と」

上司「**なるほど。確かにね。今改めて彼に対してどうしてほしいと思ってる？**」

部下「やっぱり自分で考えてもらいたいですね」
上司**「そうかー。じゃあそうするためには次はどうしていけば良いかアイデアはある？」**
部下「そうですね、まず一度自分の方で業務を多少整理してから渡そうと思います」
上司**「他にはどう？　どうすると彼とあなたは納得するかな？」**
部下「そうですね、あっ、自分で考えることの重要性について、1回彼と話してみます」
上司「それは良さそうだね」

このように、上司がアドバイスをせずとも考えを聞いていけば、部下から主体的な答えが返ってくるものです。このとき部下は、当事者意識を持っておりモチベーションも高い状態です。

この例のように上司は、部下の状況や業務についてわかっていると思ってすぐにアドバイスしがちです。そこをこらえて、部下が答えを持っていることを信じて「教えてくれないかな」というスタンスで臨むと、質問が機能していきます。

⑤目標設定／評価

目標設定も評価も本質は育成

日本企業では、上司と部下の1対1のミーティングを「面談」と言っています。この「面談」の種類ですが、一般的には①目標設定　②評価の二つに加えて、③キャリア開発　④業務の進捗確認、などがあります。特に①目標設定　②評価については、多くの企業で実施されていることでしょう。

評価は、マネジャーにとって非常に重たい業務の一つで、皆さん頭を悩ませています。しかし、この1on1を重ねていくことで、評価を自信を持って行えるようになります。**なぜかというと、評価で最も大切なことは、「正しい評価」ではなく「評価される側の納得感」だからです。**いくら「ルールに則った」評価をしても部下が納得しなければ意味がないのです。**誤解を恐れずに言えば、マネジャーの仕事は「100％正しい評価」を行うことではなく、「部下の納得のいく評価」を行って育成につなげ**

ていくことです。

部下は、評価に納得してはじめて、自分の課題を受け入れられ、次の成長に進もうと思います。同様に、設定した目標に納得感を持ってはじめて、それに向かい進んでいこう、と思います。昔は上司が絶対で、評価が悪くて説明がなくても「なにくそ！」と今度は上司を見返してやるぞ、と頑張った人もいたでしょう。しかし、現在の若者は「理不尽さ」に対する耐性が弱く、納得感がないと前に進めません。さらに成長を促すためにも、納得感は大切なのです。

そのために、日ごろから短い期間で1on1ミーティングを行うのです。**物理的な接触頻度を増やして、目標へのフィードバックや承認を行います**。さらに、部下の話を聴くこと。部下が心の中で思っていることを聴いて、部下特有の状況や想いを理解しない限り、部下は「自分を見てもらっている」という感覚を持てません。その状況で、いくらルール通りの「正しい評価」を行っても、いやむしろそれが正論であればあるほど、部下にとっては納得できないものになっていきます。

目標設定も同様に、正しい目標設定から、納得感のある目標設定に変えていくために1on1は不可欠です。目標設定のときに大切なことは、組織や部署全体の方向性の共有です。ここを理解してもらうために時間を取ることが大事ですが、一度聞いただけではなかなか理解できないことも多いので、日ごろから1on1を使ってその背景を共有していくのです。目標設定の面談のときにだけ、組織の方向性の話をしても納得感は薄すぎるのです。

納得感を高めるための「MGC目標作成法」とは？

効果的な目標設定を行うためのモデルはいくつかありますが、私が考案した「MGC（MUST-GET-CAN）目標作成法」は、本人がやりたいと思っているベクトルと会社が行わせたいベクトルを統合して考えることができ、納得感と成長感を同時に生み出せる手法です。

■MUST

MUSTとは、会社として行わなければならない目標です。経営目標から落とされてきた目標で、部下としては自分の目標とのつながりが見出せません。ですので、MUST事項については、マネジャーは以下2つのことを行わなければなりません。

1．丁寧な説明

なぜこの目標なのか？　という「WHY」の説明です。組織としての背景の説明を丹念に行います。これにより、部下に共感を起こさせるくらい丁寧に説明できれば成功です。いかにやらされ感をなくすかは、丁寧な説明と対話にかかっています。

《上司の説明の冒頭》
「なぜこの目標なのかと言うと、背景としては……」
「この目標の中身をもう少し具体的に言うと……」

2．具体化

目標は具体的に何なのか？　そのために何を行うのか？「WHAT」の説明です。抽象度の高い目標設定は実現可能性が低くなります。なぜなら、脳に「何」を目指しているかをイメージさせることができないからです。**人間は、イメージができるとその達成可能性が高まるのです**。例えば、「部下育成力の向上」と言われてもイメージがわきにくいですし、人によってイメージが異なってきます。ある人は、部下に自分のスキルを教えるイメージを持ち、別の人は部下に必要なスキルを考えさせるイメージを持つかもしれません。すると組織や上司が求める目標とは外れるので、求める目標の達成確率は低くなります。「何」をするかを具体的に記していくことです。

《例》「部下育成力の向上」→「部下のAさん、Bさんそれぞれに異なる関わり方で目標を達成させる」「部下の顧客訪問同行を月2回以上行う」

達成基準が具体的で明確だと実現可能性が高まります。

GET

GETとは、目標を通して部下が得られることです。つまり目標に対する納得感の源泉です。**目標には納得感が必要です**。**私はこの項目が一番大事だと思っています**。なぜなら納得感はやる気とコミットメントを生み出すからです。納得感とは、単なる頭の理解ではありません。「これは自分に必要なことなんだ」と腹に落ちる感覚や共感をともなう深い理解です。

納得感を生み出すポイントは二つです。**一つ目は目標の達成によって、自分のキャリアや人生に対して得られることをイメージすること。二つ目は、目標の達成が組織成果やメンバーにどのような影響をもたらすか？　をリアルに想像することです。**これにより、目標達成することの意味や意義を痛烈に感じることができるのです。また、逆もしかりで、得られないことや失うことを質問するのも効果があります。

GETの質問例

「この目標を達成することで、◯◯さんは何が得られるでしょうか？（たくさん洗い出して実感させる）」

「この目標をやらないことで、◯◯さんが失うものは何でしょうか？（実感レベルまで）」

「これをやることのメリットは何でしょうか？」

「達成することで、周囲にどんな影響を与えられるでしょうか？」


《例》「売上を前年対比25％増」→今までこの数字を達成した人はいないので、これを達成することで、自信を得ることができる。さらに、部署としても初になるので周囲からも喜ばれる。さらに今後の仕事もやりやすくなる。

CAN

CANは、目標を達成できるという感覚です。目標は高い方が周囲の評価は高まり自分の自信にもつながりますが、あまりに現実離れした目標は、やる気を失わせてしまいます。ここで大事なポイントは、一概に高すぎる目標がダメだということではなく、目標達成の道筋がおぼろげにも見えていて、部下が「やれそうだ。チャレンジしてみよう」と思えるか？　その感覚を部下に持ってもらうために、達成できるためのリソースの洗い出しや棚卸しを上司は行います。

CANの質問例

「これを達成していく上で武器になるものは何があるんでしょうか？」

「これを達成していく上で、効率化できることは何があるんでしょうか？」

「何があれば達成できるでしょうか？」

「外に出せる業務はないでしょうか?」
「システム化できる作業はないでしょうか?」
「優先順位が低く、やめるべき業務はないでしょうか?」

このように**MUSTで目標の背景がクリアになり、具体化され、GETで自分ごととなり、CANで達成するための武器を携えることができると、目標に前向きに取り組めるのです**。上司は、1on1でその感覚を部下から引き出せれば成功です。

評価制度は「理解する」のではなく「活用する」もの

マネジャー(評価者)にとって人事評価制度は活用するものであって、ただそこに書いてあることを実施すればよいというものではありません。なぜなら、評価制度には評価に関することすべてを網羅して書かれてはいないからです。では、すべてを網羅すべく評価制度を細かく精緻なマニュアルにすればよいのか? というと、これもやはり違って、細かくするほど融通の利かない現実的ではないものになってしまいます。

例えば、ある部下が次のレベルの職能、役職になるためにはどうすればよいか?という要件を具体的に挙げていくとします。それにはたくさんの行動や能力があります。

・部下の育成ができる。
・問題発見力を有している。
・メインの担当業務を独力で行うことができる等々……

しかし、到底すべてを網羅して書ききれるものではありません。もしそこに書かれた能力や行動だけで運用しようとすれば、部下は「これだけできればいいんですね」と、そこに書かれている以上の行動をしなくなる恐れもあります。**ですので、マネジャーは評価制度に頼るのではなく、マネジャーが伝えたいことを補足し活用するものにしていくのです。そのときに、評価制度の思想や背景を含めて説明していくと部下の納得感が高まります。**

《評価制度の活用例》

「今半期のA君の成果と動きを見ると、営業予算は110%で達成。動きとして良かったことは2点あって、新たな主軸クライアントの発掘と既存クライアントのキーマンとの信頼関係構築で、個人の成果としては申し分ないと思っています。次の課題としては、成功事例の共有を部署全体に対して積極的に行ってほしいです。また会議での発言で、自分の担当の話だけをするのではなく、他の人の問題に対しても意見やアドバイスを行ってください。ここがさらに成長するためのポイントだと思います。人事評価制度の一つ上位職能の要件に『**個人の成果だけではなく、所属部門の組織成果を最大化できる**』**と書いてありますね。まさにここかな、と。**そういった行動を一つでも多く取っていきましょう」

このように、まずは自分の言葉でまとめて伝えます。そのストーリーを補足するものとして制度を活用していくのです。これだと部下も納得感を持ちます。

《背景を含めた例》

「そもそもうちの人事評価制度って、能力面も重視していて、短期的な結果を出せばすべてOKというわけではないんですよね。それは中長期的に結果を出す力をつけてほしいから。**実は以前は結果だけで評価していた時期があったんですけれど、結果が環境の影響を受けることが多くて混乱が起きたんです。それで、今は能力・結果がだいたい1：1の割合で評価されています。**そして、能力が身についたかどうかというのは、ただ保有しているだけじゃなくて、行動として体現されたものを「能力」と言っているので、具体的な行動を大事にしています。ですから、その事例をつくっていきましょう」

このように、評価制度を活用するためには、その仕組みや成り立ちを理解していなければなりません。もし、自分自身がこの制度が生まれた背景を知らなかったとしたら、とても良い機会です。**上司や人事や役員にその背景を聞いてみましょう。どの企業でも、人事評価制度をつくる背景には必ずストーリーがあります。**自分がどのくらい把握しているか、評価の1on1をする前に、以下のチェックをしてみましょう。

評価前のマネジャーのチェック事項

□（Where、Who）どこで誰が評価して決まるのか？

・評価フローを正しく説明できる

□（Why）なぜこの評価制度なのか？

・人事評価制度の思想や考え方を伝えることができる

□（What）「何」を評価しているのか？

・目標に対する成果や職能ごとに定義された能力を具体的事例とともに説明できる

□（How）昇給、昇格はどうすればできるのか？

・昇格の要件定義と定義の具体的事例を説明できる

□給与と評価の関係について

・評価されたものが、どの程度実際の額に反映されるのか説明できる

・評価以外に、勤続給など給与に追加されるものは何があるか説明できる

グローバル企業では、1on1ミーティングで年次評価を続々と廃止！

インターネットが普及して以降、ビジネスの環境変化が激しく変化しすぎたり、速すぎて、目標設定がうまくできない、という現象が起きつつあります。目標の期間設定を半年など長期で行えない。あるいは、目標となるプロジェクト活動が終わる時期はまちまちなので、半年などという期間ではきれない、ということも起こっています。ですから、ある一定の長期間（半年や1年）を振り返るのではなく、もっと細切れに目標の進捗や行動のフィードバックを行い、部下の評価納得感を高める必要があるのです。こうした話はシリコンバレーや日本を含む世界のIT企業だけの話ではありません。

GE社がここ数年で始めた「パフォーマンス・デベロップメント」という人事制度では、年に1回という人事評価を廃止しました。制度の目的を「人事評価」から「従業員の能力開発」へと移行していったのです。これに1on1が寄与しているのは間違いありません。また、コカ・コーラ社でも年次評価が廃止され、「Performance Enablement」という名前で最低でも月1回、上司―部下間での1on1が実施されています。その他、マイクロソフト社やアクセンチュア社など続々と年次評価を廃止する企業は増えています。

マネジャーは、評価時期においてシステムに入力しなければならなかった長い評価コメントから解放されて、部下は短期の間に自分の業務がどのように組織に貢献しているのかというフィードバックをもらうことになりました。このようにプロセスに主眼を置いた人事施策が増えてきているのです。1on1ミーティングの場は、ある種毎回毎回が評価的なニュアンスを含みますので、1on1の普及にともない、改まった「評価面談」という概念はいずれなくなっていくと私は考えます。**逆に言うと、1on1の重要性が今後ますます高くなっていくということです。**

⑥能力開発／キャリア支援

能力開発／キャリア支援テーマでは、業務を通しての部下の気づきを促して部下個人の能力とキャリア開発のサポートを行います。

人は業務を通じて成長していきます。実際の業務経験を学びに変えることを「経験学習」と呼び、その重要性が昨今指摘されています。組織行動学者デイビッド・コルブは、人が経験を次に生かすプロセスを「経験学習モデル」として提唱しています。

このプロセスは「具体的経験→内省的観察→抽象的概念化→能動的実験」という4つの段階からなるサイクルです。

具体的な例でいうと、

①具体的経験（間接経験含む）

プレゼンでしどろもどろになり失敗する。

②内省的観察（振り返り）

全然頭に入っていなかったのに、わかった気になっていた。

③抽象的概念化（教訓・学びにする）

自分で内容を見なくても説明できるレベルにならないと人前では説明できない。

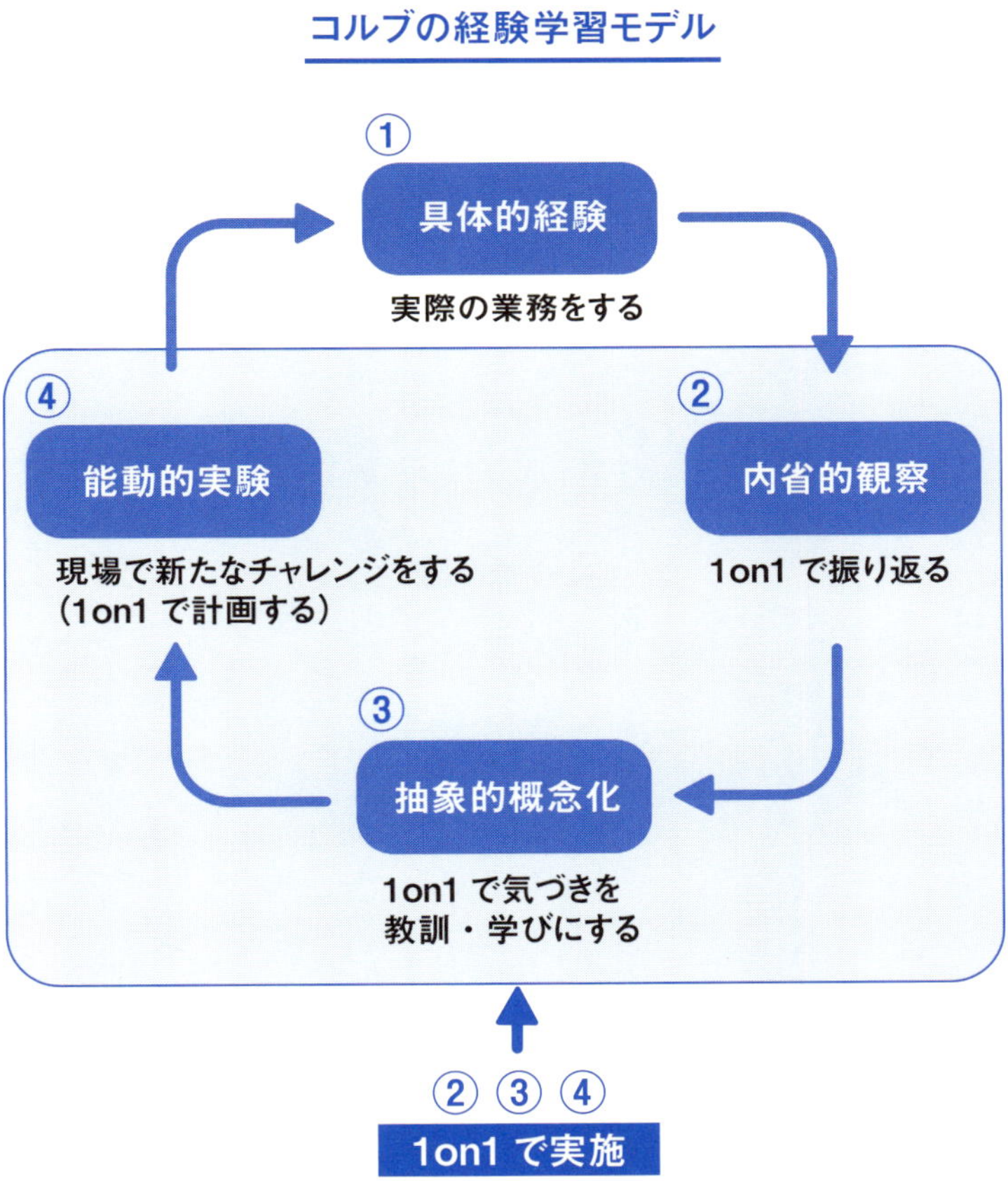

出典：Kolb D.A.（1984）Experiential Learning
を元に著者が加筆

④ **能動的実験（新たなチャレンジをする）**

まずは、明日の朝礼で話をするときに、3つのポイントを意識して試してみる。

このようなサイクルを繰り返すことで、人は学び成長していきます。そして1on1では、②と③と④を本人から引き出すサポートを行います。**このサイクルを実践していると、失敗というのが非常に重要な機会だということがわかります**。

キャリア開発の著書も多い高橋俊介氏は、著書『ホワイト企業：サービス業化する日本の人材育成戦略』の中で、「失敗はできないという仕事が増えている」と、おっしゃっています。業務が分業化されて、失敗しないような仕組み化が進んでいるのです。失敗を経験しづらい時代だからこそ、意識的に経験から学ぶ仕組みをつくらないと人が育たないのです。

能力開発とはすでにある能力を自覚させること

私たちは、業務をなんらかの行動を取ることで終わらせますが、**そのときに自分のどういう能力が発揮されたかについてはあまり気にしていません**。しかし、ある行動が取れるのは、自分の持つ能力が発揮された結果なのです。

例えば、Aさんがある困難なプロジェクトにおいて、多くの人に積極的に話をしにいって、その人たちを巻き込みながら納期までにプロジェクトを終えました。行動としては、「多くの人に積極的に話して巻き込んでいったこと」です。この能力は「リーダーシップ能力」です。以前よりも質の高いリーダーシップ能力を発揮しながら、プロジェクト運営を進めていったことになります。逆に言うと、以前よりも質の高いリーダーシップ能力が備わったので、今回のような行動が取れたのです。

> **今回**
>
> 能力　リーダーシップ能力（表面上見えない）
>
> ➡⬇能力に無自覚、再現性低い
>
> 行動　積極的に話しかけて、周囲を巻き込む（表面上見える）

しかし、**部下本人はこの「能力」に無自覚です。その場合、たまたま発揮された能力であり、次の機会に発揮できないかもしれません。**そこで質問によって気づかせるのです。そしてひとたび自分の中からその能力が発掘されたら、その能力をまた異なる場面でも活用することができるのです。**自覚的になることで、自分の能力を扱えるようになります**。

そこで質問です。

上司「今回発揮できた〇〇くんのリーダーシップ能力だけど、この強みを今の業務に意識的に使っていくと、どんなことができるだろうか？」

部下「そうですね。今、私は営業さんから要望を聞いてシステム開発を行っていますが、その先のクライアントさんの要求とずれている場合があって、ストレスを感じています。だから、直接三者で話をする場をつくれるよう営業さんに働きかけようと思いました。**そこは営業の仕事だと遠慮しているところがあったのですが、リーダーシップという言葉で思いつきました**。そのときに、先方の要求を踏まえた上での設計をつくって確認したいと思います」

上司「それはいいね。私がサポートできることがあればいつでも言ってくださいね」

次回

能力　リーダーシップ能力　（表面上見えない）
⬆⬇自覚的、さらに多くのリーダーシップ行動ができる
次の行動　営業に働きかけて三者が集まる場をつくる　（表面上見える）

このように、獲得した能力を言葉にして自覚してもらうことで、さらに部下の能力は開花していくのです。

《質問例》

□今期に意識づけたい自分の能力開発のテーマって何だろう？
それに関してこの1か月で取り組んだこととかある？
それに関して難しいところってどんなところ？
□この1か月の業務で一番力を入れた業務って何？
それについて自分が学べたことや気づいたところってどんなところ？

□アピールしたいこととか、今努力してることで私に知ってほしいこととかある？
□私や他のメンバーへのリクエストとかある？　サポートしてほしいことなど。
□今の業務は退屈じゃないかな？
□次の職能レベルに行くためには何が必要だろうか？

《強み、弱みの確認》

□自分の今の強みは何だと思う？
□自分の今の弱みはなんだと思う？
□今の業務に強みを活かすとどういうことができるかな？
□今、自分の強みは業務で生きてると思いますか？
□今後、強みを生かしてどんなことをやっていきたいですか？
（今の業務に強みを生かしたらどんなことができるだろう？）

やみくもな「将来何をしたいの？」という問いが部下を不安にさせる！

上司は良かれと思って「将来何をしたいの？」と部下に聞きます。しかし、刻々と社会背景も変わっていく複雑な時代の中、明確に「これがしたい」と言える若手社員は少なくなっています。そんな中、将来キャリアの重要性を話していたときに私のクライアントの方に言われたことがありました。

「上司に毎回将来何をしたいかを聞かれるのですが、やりたいことがないって言うと怒られるんですよね」

どうやらその方は、やりたいことがないというのが無気力でやる気のないやつだと思われていると思っているようでした。果たして、やりたいことが見つかっていないのは悪なのでしょうか？　そもそも何のためにこんな質問をするのでしょうか？

上司としてはキャリアを考えさせて、今行っている業務との関連性を見出させたり今後の配置転換のヒントにしようと考えています。それでやる気を引き出そうとしているのです。しかし、「特にない」という答えにネガティブな印象を抱いて、結果部下のやる気をそいでいる現状があります。

本当に「将来やりたいことがあること」が大事なことなのでしょうか？

そもそも、将来やりたいことを考えるためには二つのアプローチがあると私は考えます。

◇トップダウン型

目標から逆算する考えです。将来像を明確にイメージして、そこから逆算をして、今何をすべきなのか、今行っていることがどのように将来につながるかを考えるやり方です。

◇ボトムアップ型

現状の積み重ねによりキャリアを切り開いていく考えです。将来の明確なことはまだわからないけれども、今の自分の気持ちや考えを大事にして、今やっていることに熱中をして、やりたいことを行う積み重ねが将来につながるやり方です。

どちらのやり方にも共通しているのは、現在を「迷わず、充実して過ごせる」ことです。人間は「今」にしか生きていません。「今」の積み重ねが将来をつくります。将来像がないという問題意識を持つのはいいですが、悩みすぎて不安になって今がおろそかになるのは本末転倒です。**マネジャーとして大事なことは、「やりたいことがない」部下を受け入れて、今に集中できていればそれでよしとすること**。ただし、考えも変わるし、将来がだんだんと見えてくることがあるので、確認はしていきましょう。
では、どのようなポイントで将来像について聞いていけばよいでしょうか？ ポイントは3つだと考えます。

1. 会社内での将来像
2. ビジネスパーソンとしての将来像
3. その他（人間として、家庭の中で、地域の中で）の将来像

まず、**会社内での将来像を深めていくためには、社内のロールモデル（模範）を探します**。自分がこうなりたいというイメージに近い人です。もし見つからない場合は、人ではなく能力や要素に分解して聞いていきます。そして、どうすればそこに近づけるかをお互いで話をしていくとよいでしょう。

また、**社内で評価されるため、出世するためのノウハウを伝授したり、改めて評価制度の話をしていくのも社内での将来像を考える上では役立ちます**。しかし、本質的には会社にどう貢献できるか？ という視点で話を進めていくことが会社内での価値を高めていくことにつながりますので、そこを話していくとよいでしょう。

次に、ビジネスパーソンとしての将来像を考えていくためには、今自分ができている行動を能力に一般化して考えてみることです。また、逆にどんな能力をつけていきたいか？　を決めて行動に落とし込んでいくと、ビジネスパーソンとしての価値を高めていくことにつながります。

その他、よき夫・妻として、よき父・母として、よき大人として、どうありたいか？　ということをテーマに話をしていくことも、自分の将来を大局的に考えることにつながります。**現在は、キャリアとプライベートは切り離せなくなってきていますので、プライベートでの将来も時に話をしていくのもお薦めです。**

《将来キャリアについての質問例》

□キャリアの方向性とかやりたいことは変わってない？
□今後、部署・チームに対してどういう貢献をしていきたいですか？
□将来的に関わりたい仕事やキャリアの方向性があれば教えてください。
□どんなふうに人としてありたいの？
□突き詰めるとこれからどういう能力を伸ばしていきたいですか？

□社内にロールモデル（模範）になる人はいるかな？

⑦戦略・方針の伝達

マネジャーの大きな役割は、組織の結節点として上と下をうまくつないでいくことです。特に情報の結節点として、上の階層で決められた戦略や方針をタイミングよくわかりやすく部下に伝えて理解浸透を図っていくことが期待されています。

「逆ホウレンソウ」で部下が自ら動き出す

私は毎年4月には、多くの企業で新入社員研修を行います。仕事の進め方を教えていく際に、いわゆる「報連相（ホウレンソウ）」についての話をします。今日、報連相（報告・連絡・相談）は、仕事がつつがなくいくように部下が上司にするものという解釈が一般的です。報告や相談は特にそうです。上司は何もしなくても、部下から情報が上がってくるようにしたい。その発想からきていると思います。

一方で、私が知るデキル上司はこの逆のことを行っています。**つまり「逆ホウレンソウ」です**。上司は、部下が知ることのない重要な情報を会議や上役の人から聞いてつかみます。デキル上司は、そこで得た情報を精査して、部下に公開していきます。上の人しか出席できない会議は、自分が部の代表をして出ているという意識なので、部下たちに惜しみなく情報を分け与えるのです。情報を与えられた部下は、視野が広くなり、材料を持てるので自分で考えられるようになって自ら動き出します。

つまり、逆ホウレンソウができる上司は育成上手なのです。**一方で、デキナイ上司は、会議などで得た情報を部下に公開しません**。「大したこと話してないよ」「知る必要ないでしょ」という考え方です。一概に間違った考え方ではないと思います。あまり情報が多くても混乱するから、自分の役割に徹してほしいという考え方もありだとは思います。

しかし、私は早い成長を期待するならばやはり情報をドンドン出していくべきだと思います。情報とは、具体的には3つ。**①「決定事項」と②「それに至るプロセス」、そして③「上司のメッセージ」です**。

①決定事項

今回の会議で、結論から言うと○○が決まったんだよね。

《例》今回の会議で、新入社員だけじゃなくて、中途社員向けに「メンター制度」を実施することが決まりました。

②それに至るプロセス

そもそも何でこういう結論に至ったかと言うと、

原因となった事実：○○さんからの意見、主要メンバーのヒアリング

懸念と対応策：決定事項を行う際の懸念と対応策

時間的広がり：現在と未来がどうつながるか？

空間的広がり：行っていることが、他にどのような影響を及ぼすか？

そもそも何でこれが出てきたかと言うと、

原因となった事実：A課長からの指摘なんだけど、
1．中途社員の入社が前半期より2倍近く増えている。
2．受け入れ体制はないに等しく、馴染めない人が数人出ていてランチも一人で食べている。
3．期待値よりも戦力になっていない。
これは、他の人からも上がってきていました。

懸念と対応策：懸念としてはやはりメンターになる人の時間が取られるということだよね。しかしこれは会社にとって非常に重要なことだから、しっかり時間をとってもらって、評価の要素としても見ていくことにしました。同時に、説明会とワークショップも行っていく予定です。

時間的広がり：これによって、中途社員と既存社員とのつながりが今まで以上に早く、強く出てきて、仕事のコミュニケーションも円滑になっていくことを期待してるのと、

空間的広がり：今回メンターになる人は、基本マネジャー経験がまだない人を想定してるので、メンター自身の育成機会になると思っています。

③ 上司のメッセージ

「それで、これをやっていくと、

1．メンターの人が忙しいと言い出す。

2．私もメンターが欲しいと言う人が出てくる。

ということが起こることが予想されるけれども、ちゃんと背景を理解して、そういう人に伝えてほしい。そして、今回これに関連する人は、全力でやってほしいし、やらない人もメンターじゃないからと言って関係ないんじゃなくて、そもそもの今回の問題は中途社員が馴染めてない、ということなので、ドンドン関わっていって話をしたりランチに行って話を聞いたりしてほしいんだよね。制度ができた背景にある問題意識をぜひしっかり共有してほしいし、他に何か良い策があれば教えてください。よろしくお願いします」

１ｏｎ１が終わった後にも、部下に対して有益な情報や考え方があったならば、この逆ホウレンソウをしてほしいと思います。これは、次の１ｏｎ１のときでもよいのですが、もっとタイムリーな場、ランチや席にいるときの雑談などでトピックを話していくのもよいでしょう。

第4章

1on1ミーティングを始めてみよう

最初のスケジューリングで すべてが決まる

はじめは大事なお客様とのアポイントのように丁寧に

さあ、いよいよ1on1ミーティングを始めるとき、まず何から行えばよいでしょうか?

1on1ミーティングは一人で行うものではありません。相手の協力がなければ、良い時間、場にはなりません。そこで、部下に気持ちよく1on1に参加してもらうための投げかけが必要になります。

準備段階でのよくある間違い

× NG

部下に何も言わずに1on1ミーティングの予定を入れる

○OK
部下に打診をして、合意を取る

このプロセスに歯がゆさを覚える人は、上司という立場に慣れてしまっているかもしれません。1on1ミーティングを大事なお客様との契約交渉の場とみなしたとすると、そのときあなたは何を行うでしょうか？

1stステップ：要件を説明して、アポイントを取る
2ndステップ：当日成果が出るように準備をする

シンプルに言うとこの二つです。**部下にも同じプロセスを踏んでいくのです**。まるで得意先と接するように、丁寧な気持ちでスタートすること自体が部下への尊重を生んでその後の工程もスムーズに進みます。

そこでまずは、部下への「アポ取り」からのスタートです。

行うことは、部下とのコンセンサス（合意）を取ってスケジューリングすること。

次に、当日までに考えておくべきことを整理することです。

では、まずどうやって合意を取って第1回目のアポイントを部下から取り付けるか？　その具体的手法を見てみましょう。

1on1ミーティング実施案内のサンプル

○○さん

お疲れ様です。
○○です。

今回、○○さんはじめチームメンバー各人と1on1ミーティングというものを始めようと思っています。

目的としては、○○さん自身の健康面や業務で困っていること、業務で成長したことの共有、さらに今後のキャリアや部門の方針の背景の説明など、○○さんがさらに業務に集中できるような状況や環境をつくっていくためにいろいろとお話を聞かせてほしいと思っています。

これからどうやって実施していくかも含めて、〇月〇日の〇時から30分お時間を入れさせていただきたいと思います。また詳細は次回のミーティングでお話ししますので疑問点があれば教えてください。よろしくお願いします。

部下の合意を取る

このように、上司が丁寧に説明をしてアポイントを取ろうとしたならばたいていは実施できると思います。しかしもし、まだその実施に渋っているようならば、さらに丁寧にその部下の実情に合った事例の説明などを行います。

「すでに実施している人の話なんだけど、その方は〇〇さんのように奥さんと小さいお子さんがいて、奥さんの体調がずっと悪かったらしいんだよね。それでその人は家事とか保育園の送りとかかなり無理をして、仕事と両立してたんだけど、そのことを誰にも言えなくて悶々としてうつになりかけてたらしいんです。そんな折、この１ｏｎ１ミーティングを実施することになって、定期的に上司と話す機会が持てるようになってそのことを上司に話をしたら、期間を区切って出社を遅くしてもらえたんだって。それでとても元気になって今は活躍してるらしいんだよね。そんなふうに、何かあったときじゃないとなかなか言い出せないことが、物事が小さいうちに話ができることもあるので、一度やってみませんか？」

一方的ではいけませんが、まったくの任意というよりは少しの強制感は必要です。実施に前向きにさせるのも上司の仕事です。個人ごとに、丁寧な対応を考えてみてください。ただ、ここまで話しても、行ったことがないのでイメージができずにはっきりと否定しないまでも、心の中で「いいんだけど、これ意味あるのかな？」と思っている部下がいます。自分が積極的に参加するイメージが持てないままなので、１ｏｎ１の場においてもお客さんとして参加して受身で盛り上がらない可能性もあります。ですので、そういうタイプの人にはイメージがつくような事例を話しつつ、話したいトピックを宿題として書いてきてもらいます。そして質問としては自分のことではなく、今のチームの問題から入るというのも有効です。そうして合意を取り付けます。

マネジャーが自らスケジューリングする

合意を得たら、まず自らスケジュール化しましょう。

「スケジュール入れておいてね」と相手任せにするとスケジュール化されない可能性がありますので、マネジャーがスケジューリングを行います。

スケジュール化するというのは、具体的には会社で使用しているグループウェアやグーグルカレンダーなど部下と共有できるツールに入力することです。もしくは自身で使用している紙の手帳に予定を入れるならば、部下にも記入してもらいましょう。

その際、できれば1回だけ入れるのではなく、最低3か月分の1on1をスケジューリングしましょう。何かのツールを使っていれば繰り返し機能を使用すると簡単にできます。なぜ3か月先までなのかというと、最近では四半期で決算報告を行っている企業が多いように、3か月で企業としての経営サイクルがひと通り回ることが多いからです。これに合わせてマネジメント業務のサイクルも、四半期を見通す癖をつけていくと経営との連動が図れていきます。

1on1を「定例」ではなく「イベント」として捉える

一方、3か月先まで繰り返してスケジュール化すると、「定例」業務になってきます。「定例」業務には気をつけなければならないことがあります。それは「血が通わなくなる」ことです。定例ミーティングをイメージしてみてください。いつもと同じメンバーで同じ内容、提出ギリギリにレジュメの内容を送って滞りなくミーティングが終わる。そんなことが起こっていないでしょうか？　最低限の役割は果たしているのですが、「定例化」すると「いつもと同じ」思考と行動になり、そこに工夫や改善が生まれにくいのです。

もっと言うと定例業務には心が向けられていないのです。心が向けられていないものに良いものは生み出されません。

では「定例」の反対は何でしょうか？

それは「イベント」です。イベントには、特別で非日常的な感覚があり、何かワクワクする感じが生まれないでしょうか？　どんな行事であれ、我々は自分主催のイベントであれば「イベント」に心を向けて、考えつくして様々な工夫を加えようとします。だからこそうまくいけば達成感もひとしおであり、うまくいかなければ本気で悔しいと思って次の改善へと向かうわけです。

１on１ミーティングについてもこのイベントのサイクルを取り入れてみるわけです。マネジャーはイベントプロデューサーとなって、１on１の設計というイベント企画を行わなければ、イベント参加者である部下は早晩飽きてしまいます。心の向けられていない時間ほど退屈で無駄だと感じるものはありません。いつしか、部下は１on１が苦痛になってきてしまいます。

ですから、１on１の時間を定期的にスケジュール化はしますが、内容については定例化しないように気をつけなければなりません。定例化するのは１on１の時間自体ではなく、１on１を「準備する時間」にすると良いでしょう。

さらに、もし1on1がなんらかの事情でキャンセルになったときは、必ずリスケジューリングして予定を取り直すようにしてください。クライアントとのアポイントと同じです。マネジャーが部下との時間を丁寧に扱わないといつのまにか行われなくなっていきます。

では、どのように１on１をイベントとしてプロデュースしていくのかを次に見ていきましょう。

空間をプロデュースする

人はその「場」や「空間」に対して、ある種の感情を持ちます。例えばディズニーランドの空間では、誰もが「ワクワクして楽しい」状態になります。神社などでは「敬虔な気持ち」になります。それはその場所・空間の雰囲気やエネルギーがつくり上げます。同じように、マネジャーも１ｏｎ１の空間をプロデュースして、出したい雰囲気をつくっていきます。

例えば会議の場で、今部下が意見を言いやすい雰囲気になっているのか？　本音が言える空気になっているのか？　こういった場の雰囲気や空気をつくっていくのも実はマネジャーの大きな仕事です。

空気を変えていくために必要なコントローラビリティをマネジャーは持っています。自分自身がムードメーカーである必要はありません。例えば会議始めの場が堅かったら、お調子者のAくんにさっき聞いたばかりの週末の失態の話を振ってみる。場がゆるんでいて締めたかったら時間に厳しいBくんに「時間に遅れてくる人についてどう思うか？」と皆の前で聞いてみる。など、マネジャーは自分がつくり出したい雰囲気に合わせて手立てを打つことができます。同じように1on1についても、どのような空間にしたいかを考えてプロデュースすることができるのです。ここでは空間をつくるために、次の4つのアイデアをご紹介します。

- **場所**を決める
- 自分の**表情**を自覚する
- 効果的な**アイテム**を揃える
- 独自の**ネーミング**をつける

場所を決める

会社で行う場合には主に会議室になると思いますが、部屋の選択肢があるならば目的に合わせてチョイスしましょう。**空間の大きさや明るさ、窓があるのか採光が取れるのかをチェックします**。これは重要です。目に映る外界の環境は、私たちの思考や創造性に多大な影響を与えるのです。

以前私が研修を行っていたときの話です。研修の終わり頃に私がアシスタントの女性の元へ資料を取りに行ったときに、彼女が小さな文字盤の腕時計を私に見せながら「あと20分で終了時間ですけど研修終わりますか？」と尋ねました。私はその小さな腕時計の文字盤の間隔を見て「まずい。終わらない！」と思い緊張が走りました。

しかし、ふと顔を上げて会議室の大きな掛け時計を見た瞬間です。「あれ、余裕で終わるな」と身体がゆるんだのを今でも覚えています。

同じ20分という間隔でも、物理的に小さく狭いものを見るのと、大きく幅広いものを見るのとでは、思考の時間感覚まで変化するのです。これを１ｏｎ１の部屋選びにも適用するのです。ブレーンストーミングのようにたくさんの可能性を広げるとき、未来のことなどを中心に語るときなどは、部屋が広く天井高もある空間がよいでしょう。

また、明るさも外からの光などで明るい方が未来への輝かしいイメージがわきます。

一方、何か悩みがあることがあってじっくり話を聴く、または一つの決断をしなければならないときなどには、部屋は狭めで落ち着き安心できる光や空間がよいでしょう。

また、私のクライアントで会議室以外を使う人もいます。朝ホテルのブッフェを使って1on1を行っています。毎回というわけではありませんが、3か月に一度そのような機会をつくり、ゆったりと部下の未来について語り合うそうです。職場から離れることで、人生全体の中でのキャリアの話を本音でしやすいのと、ホテルという空間が「夢」を語らせてくれるようです。他にも、散歩しながら1on1を行っている人もいます。時にはカフェもよいかもしれません。**いつも同じ場所で行う必要はありません。目的に合わせて、時にはイベント的に空間を利用するのです。**

自分の表情を自覚する

楽しい場をつくっていくために、自分ができる小さなことで大きな影響を与えるのが「表情」です。自分の表情を自覚してその場に相応しい表情にしていくことで、意図通りの空間をつくることができます。そんなことまでやるのか、と思うかもしれませんが、表情に少し気を配るだけで、とても大きな影響力があることを知りましょう。

さてあなたは、今自分がどんな顔の表情をしているかイメージできるでしょうか？

さらに言うと、1日の中で、自分の顔をどのくらい見ているでしょう？　男性ならせいぜい5～10分、女性でも個人差はあるでしょうが30分～1時間でしょう。では、あなたの職場の人はあなたの顔を周辺視野を通してどのくらい見ているのでしょうか？席が前の人ならば、5時間くらいは視界に入っているでしょう。

つまり、あなたの顔はあなたのものではありますが、その表情に影響を受けているのはあなたではなく周囲の人たちなのです。それによって場の雰囲気がつくられていきます。表情は練習すればつくっていくことができます。

ハリウッドスターのトム・クルーズも俳優の唐沢寿明さんも、鏡片手に表情を見ながら練習をしてさわやかな笑顔をつくったそうです。トム・クルーズとまではいかなくても少し表情に自覚的になることは、周囲の雰囲気を良くしていくために身近にできる、でも実はあまり認識されていないとても大きなことなのです。

では、表情を自覚して笑顔をつくるためのポイントとは何でしょう？　**一つは、口角を上げるとともに「歯」を見せることです。**「歯」が見えないと笑顔に堅さが残ります。**二つ目は、相手に好奇心をよせて本当に「そう」思うことです。**つまり笑顔になるような関心を相手の話に寄せることがポイントになります。

効果的なアイテムを揃える

1on1ミーティングのときにグッズがあると、切り替えができます。場所が決まったら、次にどのようなアイテムや小物をセッティングするかを考えます。1on1の時間を効果的なものにするためにできることはすべて想定しておきます。

上司は、その空間にあるものすべてをデザインすることが可能で、それにより部下の気持ちやモチベーションをつくることができます。小物やアイテムはそれを補完してくれます。これらは、すべて置く必要はありませんが、狙う効果に応じて準備しておくとよいでしょう。

・クッシュボール……クッシュボールは、野球のボールほどの大きさで、ゴムのスレッド（糸状のもの）が放射状についたものです（次ページ写真右側）。クッシュボールを触ったり握ったりすると独特の感覚があり、緊張がほぐれたり、ストレスが解消されるなどの効果があります。また、ビビッドでカラフルな色をしており、視覚的刺激から気持ちが高揚したり、モチベーションが上がる効果もあります。これにより、セミナーや研修などの導入部分でクッシュボールが使われることが多々あります。売

上が未達成などネガティブな話をするときなどに話をしやすくなったり、アイデア出しのブレーンストーミングのときにも活用できます。インターネットを通して購入できます。

・**カラフルな付箋【中】【大】**……これもアイデア出しをするときや、現状のタスクを整理するなどして使えます。視覚的にも創作的なモードになる効果があります。

・**色ペン**……これもアイデア出しに使用します。

・**お菓子**……雰囲気を和らげる効果があります。

・**スマートフォンのカメラ**……書いたものを保存して後で共有することができます。

・**タイマー**……時間を区切って集中力を高めます。

- **置き時計**……正確なタイムマネジメントを行えます。
- **アイテムを一式入れる箱や入れ物**……1on1グッズを一つにまとめることができます。
- **ホワイトボード**……書きながらお互いの頭にあることを整理確認することができます。

少し細かいかもしれませんが、このような準備を一つひとつ行っていくプロセスそのものが、1on1ミーティングの価値を上げていき、質が高く効果の高い時間となっていくのです。

独自のネーミングをつける

一般意味論の構築で人類に多大な貢献をしたアルフレッド・コージブスキーの面白い逸話があります。

ある日コージブスキーは学生たちへの講義を突然中断し、白い紙に包まれたビスケットを彼のブリーフケースから取り出した。彼は「何か食べたかったんだ」などとぶつぶつ言い、前列に座っていた学生たちにビスケットを勧めた。「うまいだろう」とコージブスキーは言い、2枚目を取り出した。学生たちは元気にビスケットを食べている。するとコージブスキーはビスケットの包みを覆っていた白紙を取り払って本来のパッケージを見せた。そこには犬の絵が描いてあり"Dog Cookies"と書かれている。学生たちはそれを見るとショックを受け、2人の学生が手を口にあててトイレに向かって走り出した。

（出典：R. Diekstra, Haarlemmer Dagblad, 1993年、引用元：L. Derks & J. Hollander, Essenties van NLP〈Utrecht: Servire, 1996年〉58ページ）

私たちは、食べ物を食べているのではなく言葉を食べているのです。つまり、現実的に「美味しい」かどうかよりも、言葉である「犬のクッキー」という解釈を重視するのです。

その意味で、1on1ミーティングをどのようなネーミングにするか？　は非常に重要です。実際の1on1の場よりも、その場を表すネーミングにより「独自の意味づけ」がなされるのです。**間違っても「定例面談」などとしてはいけません。**「定例」

で思い浮かぶイメージ、上司との「面談」で感じる感覚はネガティブなものも多いです。**そして何より「定例」には心が動きません**。「ふたり未来妄想会議」としたらどうでしょう？　未来のことをあれやこれや考えていく時間だな、という意味づけがなされて少し心が動きます。これも1on1の場の雰囲気づくりに関わってきます。

自動車メーカーのホンダが、大勢で集まって行う創造会議を、皆が集まってワイワイガヤガヤやるので「ワイガヤ会議」とネーミングしたのは有名な話です。「今日、商品開発会議をやろう」というより「今日、ワイガヤやろうよ」と言われるほうがワクワクしてきます。心が動けば、身体も動いてそこに参加しようとします。ですので、上司のキャラクターや部下の特性に応じて「心が動く」ネーミングを考えていきましょう。

以下の例は、実際私のクライアントさんで行われているネーミングです。

- 1on1（ワン・オン・ワン）
- プライムタイム
- ユアタイム
- 脱線ミーティング
- 雑談MTG
- ざっくばらんMTG

- 壁打ち会議
- 内省時間
- つぶやきミーティング
- チェックアンドアクション
- 第二領域ミーティング
- 頭と心の整理ミーティング
- 例の時間
- 鈴木（部下の名前）の時間
- 太郎（上司の下の名前）の部屋
- 精神と時の部屋
- イドバタ
- シューイチ
- カクシュウ
- ツキイチ

クラウドで「個人データベース」をつくる

1on1で上司が行わなければならない最も重要なことの一つは、ミーティングの内容を個人データベース（以下DB）として残すことです。毎回部下の情報を蓄積し

てアップデートを行い、この情報をもとに、分析して新たな行動につなげていきます。
これは、ミーティング中のお手軽な質問やアドバイス以上に重要です。相手のことをよく知らなければ本質の課題把握も的確な打開策も考えられません。これは自社と顧客の関係と同じです。部下を大切な顧客として見るのです。顧客のことをよく知らなければ、良いサービスは提供できません。

感動的なサービスを提供することで有名な「ザ・リッツ・カールトンホテル」では、お客様本人と直接関わったスタッフから、お客様の部屋を掃除するなど間接的に関わったスタッフまで、全スタッフがそこで得た情報を一つのデータベースに蓄積していきます。

清掃係がお客様のタバコの銘柄やお客様の好きな枕の位置を報告し、客室案内係が、好きなプロ野球球団があることを会話の中からつかみ、ホテル直営のレストランでは、ビールより焼酎好きで、わさびが苦手で左利きであることを把握します。そしてこれらの情報をデータベースとして、次の宿泊に生かしていきます。

次回の宿泊時には、吸っているタバコが部屋に置いてあるかもしれません。プロ野球のシーズンであればチケットが用意されているかもしれません。直営レストランに行けば、お箸は左利き用に置いてあるかもしれません。情報がデータベース化されていることで、期待値を上回るサービスが可能になります。

1on1において、部下に伝説のサービスまで提供する必要はないかもしれませんが、データベース化することによって以下のようなメリットがあります。

1. 前回からの話をスムーズに進めることができる
2. 考え方の変遷を知ることができる
3. 宿題があった場合、その進捗確認を行える
4. 日常の中で意識して見ていくポイントがあったら、それについてのフィードバックを行える
5. 担当が変わったときに、次の上司に引き継げる
6. 共通の情報データベースができる（上司―部下間）

個人個人でメモは取っていると思いますが、最終的にまとめるのは、クラウドサービスを使うのが便利でしょう。グーグルの提供する、docsやスプレッドシートでも良

いですが、お薦めはEvernoteです。PCで入力してスマホでも見れますし、フォルダ分けや写真画像の記録も申し分ありません。フォルダも二つに分けられますので、多人数でもスムーズに管理することができます。さらに写真画像もすぐに同じフォルダ内に格納可能であることも便利です。こういったサービスを利用して、情報をうまく管理していきましょう。

「実践シート」を使って最終準備

1on1本番で慌てないために最低限用意しておく事項を確認しましょう。まず一つ目は、1on1ミーティング用のシートです（179ページ図参照）。このフォーマットでなくても構いませんが、第2章と第3章で説明した7つのテーマを記しておくとよいでしょう。実施前に確認しておいた方が良いことをご紹介します。

前回ミーティングのメモ

左図「1on1ミーティング実践シート」の「4、まとめとアクションプラン」の項目です。2回目以降であれば、マネジャーが前回の内容を見返して情報を確認します。特に上司・部下双方に宿題になっていたアクションがあれば、その進捗についての確認を行います。また、1on1の導入部で前回話したことを共有して、部下と話の前提を合わせていくためにも必要です。

部下へのフィードバックネタ（良かった言動や成長した点／期待すること）

1on1実践シートの③のモチベーションアップの項目です。これは毎回上司の宿題として用意しておきます。前回の1on1から部下の言動で気がついた良かったことを一つは必ず用意しておき、1on1のときに伝えます。「話をしていないときでも見ているよ」というメッセージを伝えるほか、繰り返してほしい言動についての強化になります。見つからないときには、周囲の人から情報を得るようにしましょう。

1on1ミーティング実践シート　日付　名前

1．アイスブレイクと体調確認：5分

① プライベート相互理解
② メンタル・体調：（　◎　○　△　×　）

2．前回のおさらいと承認：5分

③ モチベーションアップ
（最近良かった言動、変化をフィードバック）
〈必須〉＿＿＿＿＿＿＿＿＿＿＿＿＿＿＿＿

3．今回のテーマ（業務・組織改善、能力・キャリア開発）：15分

④業務・組織改善／⑤評価・目標設定／⑥能力・キャリア開発／
⑦戦略・方針（どれかに○）

4．まとめとアクションプラン：5分

今回話すテーマ

事前に部下に1on1共有シート（左図）を送って話したいトピックを考えてきてもらうことがベストです。しかし、話したいテーマが特にない場合には、上司側で用意したテーマを話します。1on1実践シートの3番の項目です。その場で困らないように、三つは用意しておきます。質問を投げかけ部下の反応を見て、必要なテーマを探りつつテーマを深掘りしていきます（巻末の「質問・伝え方例」を参照ください）。

1on1ミーティングの実際

時間配分を4分割で捉える

1on1は時間の制約があります。マネジャーは何をどのくらい話すのか時間の配分を考えなければなりません。そこで、1on1実践マップの7つのテーマを軸に、対話のモデルケースをご紹介します。時間は30分に設定した場合です。

有シート　　日付　　名前

＊話したいトピックについて、記入お願いします。

□ 目標を達成していく上でモヤモヤしていること・困っていることについて

□ 業務上での気づき
（前回から今までで、一番力を入れた業務は何ですか?
それについて自分が学んだことや強みが発揮できたところは?）

□ チーム力向上（チームがもっと良くなるためのアイデアなど）

□ マネジャーへのお願い（手伝ってほしいことや、その他リクエスト）

□ 個人的なトピック（プライベート事情や体調について共有したいこと）
・自分や家族の病気、家でのストレスなど、仕事に影響があることがら等について

□ 将来キャリアについて（変更などあれば）

時間	内容	1on1実践マップの該当テーマ
① 0～5分	アイスブレイクと体調確認	①プライベート相互理解 ②心身の健康チェック
② 5分～10分	前回のおさらいと承認	③モチベーションアップ
③ 10分～25分	今回のテーマ	ケースにより④～⑦の各テーマ
④ 25分～30分	今回のまとめとアクションプラン（宿題）の確認	―

●0分～　アイスブレイク　①プライベート相互理解

上司「最近身体鍛えてるみたいだね」

部下「そうなんですよ。わかりますか?」

上司「見れば一目瞭然だよ（笑）。**なんかきっかけがあったの?**」

部下「半年前の健康診断の結果が良くなくて、健康になろうとジムに通い始めたのがきっかけです。今行ってるジムが面白くて……（中略）」

◉3分〜　体調確認　②心身の健康チェック

上司「いいね。じゃあ、最近は健康そうだね。**夜もよく眠れてますか？**」
部下「はい。ぐっすりで心身ともに健康です」
上司「それはいいね。仕事の方はどうかな？ **毎日遅いとか、ボリュームがありすぎて困ってるってことはないかな？**」
部下「先週納期の商品があってそれまで忙しかったですが、今は問題ないです」
上司「いいね、バランス良さそうだね」

◉5分〜　前回のおさらいと承認　③モチベーションアップ

上司「ちょっと間空いたから、前回何について話したかをおさらいすると、○○くんから『最近、成長が鈍化している気がする』という話があって、なぜそう思うのかをたくさん話してもらってわかったことは、最近調整業務が多くて、新しいことをやってないということでしたね。そこで、チャレンジとして『自分の調整業務を減らすためのシステムを考える』ということでした。やってみて、今どんなことが起こっているかな?」

部下「はい、早速開発部門の野口さんを巻き込んで、仕様を固めてもらってます。結構大きなものになりそうで、この取り組み自体が新鮮で楽しいです。引き続き進めていきます」

上司「**いやー、さすがだね。言ったことをすぐに実行に移して形にしていく姿勢は本当に全社の模範だと思うな**」

部下「いやー、そんなことないですよ」

上司「いつ頃完成予定なのかな?」

部下「第一弾が来月上旬です」

上司「楽しみだね」

◉10分　今回のテーマ　④業務・組織課題の改善

上司「では、今日はどんなことをテーマに話しましょうか?」

部下「すいません。今日は特に話すことを考えてきてないんです」

上司「いいよ、いいよ。そう言えば**最近のチームは○○くんから見て、どういうふう**

に見えるかな？」

部下「特に問題ないように見えますが」

上司「それはいいね。では問題はないとして、他の優秀なチームと比べて我々が学べることって何があるんだろうか？」

部下「そうですねー。もっと結果を出しているチームと比べると、ちょっと属人的というか、個人が立ちすぎていて、お互い何をやっているかということに関心が薄い気がします」

上司「なるほどー、いい洞察だねー。**他にあるかなー？**」

（中略）

上司「では、属人化しているチームの状況に、**〇〇くんとしてどんな関わり方ができるだろうか？**」

部下「そうですね。個人的にメンバーの人と時間を取って、うまくいっている要因を聞いてみます。個人的にも興味があるので。それで、聞いたことをまとめてチーム全体にシェアしたいと思います」

上司「それは価値あるね。そして、さらにチーム全体が共有意識を持つためにはどうすればいいんだろうか？」

部下「まず、私が今回の共有を皆に行ってから、チーム全体にこの問題意識をぶつけてみます。皆がどんな反応をするのか楽しみでワクワクしてきました！」

上司「楽しみだね」

◉25分～　今回のまとめとアクションプランの確認

上司「では、先ほどの資料をチームの**皆に共有するのはいつくらいをイメージしてるかな？**」

部下「そうですねー。2週間あればいけると思います」

上司「いいですね。ちなみに**2週間以上かかる懸念って何かあるだろうか？**」

部下「多分ないと思いますが、体調不良で数日休むとか、そういうのがなければ問題ないと思います」

上司「わかりました。では、ちょうど次回の1on1の前までに終わりそうだね。次回また気がついたことなど教えてください」

上司「**最後、今日話してみて何か感想とか気づきとかあるかな？**」

部下「チームの視点を全然持てていなかったので新鮮でしたし、やろうと思えば僕がチームに貢献できることって結構あるんだなっていうのは驚きであり、大きな発見でした」

上司「そうだね。○○くんは、アイデアさえ出れば実行力はすごいから、また次回も楽しみです」

◉30分　終了

まとめとアクションプラン

締めくくりまで手を抜かない

１on１ミーティングの締めくくりには、今日のまとめやアクションプランの明確化を行います。具体的には以下のような質問です。

・今日話してみて一番印象に残ってるのは？
・今日話したことで一番覚えておきたいことは？
・今日の話を自分の言葉でまとめると？
・次回に向けてアクションとしては何をする？
・５Ｗ１Ｈの確認（いつから？　どこで？　誰が？　何を？　なぜ？　どうやって？）
・それを達成するために、私に何かできることはある？

次までに行うことを「一つ」だけ決める

話をしていると、次までに意識することや行うことがたくさん出てきますが、**必ず行動を起こさせるには行うことは一つに絞ることです**。そしてそれをイメージしていきます。

上司「次までに行うことを一つだけ決めるとすると何にする？」
部下「クライアントごとにデータベースをつくってきます」
上司「いいね。ちなみにデータベースの項目は何があるの？」

部下「10項目ほどあります。決まったのがあるので後で見せますね。まずは主要5クライアントのものをやります」
上司「はい、わかりました」

達成までの道のりを最初から順番にイメージする

行動が決まったら、それについてスタートから順を追って丁寧にイメージをしていきます。

上司「**では、まず何から始める？**」
部下「そうですね。散らばっているクライアントの情報を10項目に沿ってまずはエクセルに集約していきます」
上司「**いいね**。**時間的にはどのくらいかかりそうかな？**」
部下「あー、考えてなかったです。1社30分で、2時間半くらいでしょうか」
上司「結構分量あるね。**それはいつからやれそうかな？**」
部下「今日からすぐやります」
上司「**今日全部終わる？**」

部下「今日中は無理ですね。明日、明後日にはなんとか集約作業を終えます」

このように、時系列に具体的にイメージを描かせることで、達成確率が飛躍的に上がります。

1on1後の行動で組織が変わる

1on1後から上司は見られる立場へ大逆転！

まず、1on1で話した内容を部下と共有して部下との前提を揃えます。特に宿題となるアクションプランについては必須です。

自分がメモした内容と違う場合には、部下に加筆修正を行ってもらいます。また、**部下から出た質問や確認事項について調べて答える必要があれば、しっかりとそれに答えていくことがとてもとても重要です**。

例えば、課長の宿題として「部長と話して、会社としての見解を決定する」というものがあれば、すぐに上長である部長と話をして、部下にその結果を逆報告することです。

このように、1on1後の行動をしっかり行うことにより、1on1ミーティングの重要性を部下に伝えることができます。部下はそのような行動をしっかりと見ています。もし、次回の1on1のときに「あ、前回の宿題すっかり忘れてたよ」と上司が言ってしまったら、部下も「あーこのくらいの温度感でいいんだ」と思ってしまい、1on1自体が機能しなくなっていきます。

上司は見られる存在であり、だからこそ誠実な行動を取れば、部下との信頼関係が構築できるのです。ですので1on1のときに「確認しておくね」といった事項があれば、軽く考えずに「テキストに必ず落として」行動して部下に伝えるのを忘れないようにしましょう。

ヨコの1on1ミーティングが組織を強くする

1on1は、上司と部下の間だけで行うものではありません。**シリコンバレー企業では、ヨコの関係=他の部の同じ役職の人と現状の課題を擦り合わせたり、今後どん**

な協力が行えるかなどを話します。そして、その情報を持ち帰り自分の部下に話すのです。そうすることでいわゆる「セクショナリズム」がなくなっていきます。それどころか、積極的な協力関係が生まれるのです。人間は、よく知るものには寛容になるものです。

一方で、人間は知らないことや人に関してはクールに反応しがちです。例えば満員電車の中でぶつかってきた人が見知らぬ男性だったら、その男性を礼儀知らずで非常識な人と悪く思うでしょう。しかし、それがよく知る会社の同僚だったら、笑ってぶつかり返すかもしれません。**人間は知らない人が取るネガティブな行動には、より一層悪いイメージを持ちます**。それがセクショナリズムの正体です。お互いの部門の細かい事情を知らないのです。何に困っているのか？　どう一生懸命努力しているのか？　そういったことをヨコの1on1を通じて話していくことで、組織全体が良くなっていくのです。

「人材ミーティング」で1on1をブラッシュアップ

せっかく1on1を行ったら、組織としてはその学びを多方面に生かしていきたいと

人材ミーティングの開催

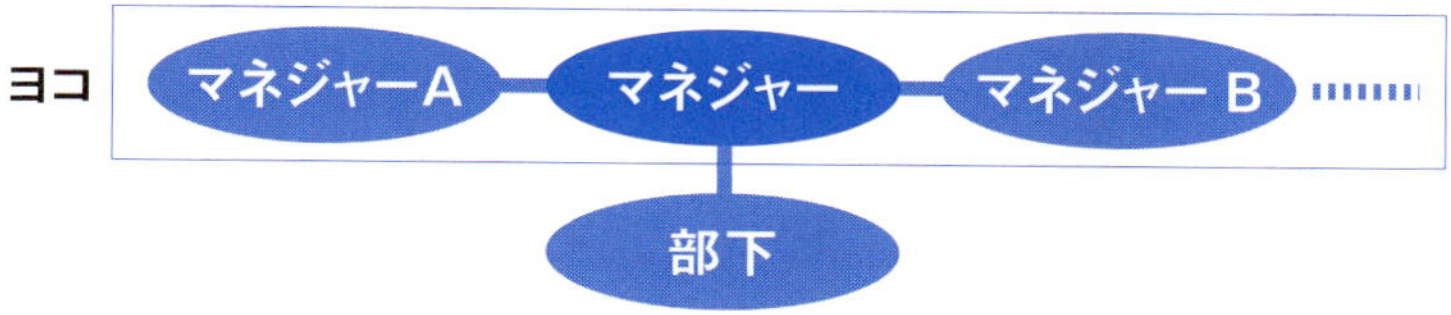

思います。先ほどは、マネジャー間でのヨコの1on1ミーティングの話でしたが、さらにマネジャー同士複数人が集まってヨコの共有である「人材ミーティング」を実施することで、問題を抱えた部下への有効な対策が打てます（上図）。

しかし、それ以上に得られるのは、このプロセスがマネジャーの育成力を高めることです。

①会社視点、高い視点に立てるということ。

②ヨコの豊富な事例に触れて擬似マネジメントの症例が増えるということ。

人材ミーティングに臨むための準備としては、まず、一次情報を自分のデータベースとして、Evernoteなどに書き留めておきます。次に、共有のフォーマットに転記していきます。それを使って、マネジャー間での人材関連ミーティングを行います。

このミーティングでの応用ポイントは、モチベーションの高い人や変化が見られる人の事例を共有するということです。もっと言うと「その人がなぜ良い状態にあるのか？」の理由を共有することです。往々にして、状態の悪い人・懸念のある人の話は間違いなく共有されて、対策も考えます。一方、良い状態の人がなぜ良い状態なのか？については、あまり共有されません。しかし、これは現在悪い状態にある人がよくなるためのヒントにつながるかもしれませんので、効果的だと考えます。

《共有フォーマット例》

部署：営業本部第二課
名前：宮下真一
モチベーション全般：◎
理由：先月から仕事の内容が変わったのが大きい。
　それまで結果が見えづらい部門だった。
　現在、アプリの開発になってとにかくソースコードを読みまくり
　日々の小さな問い合わせにも答えられ（日々の小さな結果）、

この分野は宮下に聞け、と言われるようになり自信がついた。
それから、他の業務にも積極的になれたしできないことをできないと言えるようになった。

→＊若手には、小さな結果を出させる仕事の持たせ方が大事。

締めは自分の上司と1on1

部下の情報を、上司に1on1で共有していきます。今度は自分が聞く側というより、伝える側に回ります。

このときに考えることは、上司が何を聞きたいか？　を把握することです。前提として、この1on1は自分の部下に焦点を当てたもので、事業目標の進捗に関するものではありません。上司が知りたいことは、部下の状態とひいてはあなたの状態です。部下が成長しているのか、と同時にあなた自身が成長しているのか？　ということも知ろうとしています。この1on1の場を有意義にさせられるかどうか？　があなたの成長として上司に見られていると思って臨みましょう。

まずは上司に伝えることのポイントを整理していく必要があります。

1. ケア対象者（△や×）の項目がある人と**対策をセットで上司に報告**。
2. 前回ケア対象だった人で、今回良くなった人の経緯を報告。
3. 調子が良い人（◎の人）がなぜ調子が良いのかを報告。

ここでのポイントは二つです。

A　ケア対象者に対しての対処策を二つ以上作成する。

B　調子が良い人の理由を共有して普遍化して他にも応用できないか考える。

《例A》

山本くん（2年目）：△

状態：2週間前から、寝つけなくなってきた。
　今は昼間も眠い。結果が出ないことでストレスを感じている。

対策：①自分で探した病院に来週行く。
　②目標について、結果の目標とともに行動目標も加える。
　③先輩社員のCくんに飲みに誘ってもらって本音を吐き出してもらう。

《例B》

塚本さん（1年目）：◎

最近非常に良い。一番変わったのは、結果に対する焦りが薄いことを自覚できたこと。「やばい」という気持ちがやっと芽生えた。ずっと周囲から言われ続けてきたが、プライドが高くなかなか納得感がなかったが、未達成が2か月続いたことにより、行動が変わった。

↓いくらこちらが言ってもダメなときもある。本人が挫折することが一番の良薬になることがある。特に頑固なタイプは、あまり手をかけずに戦略的に泳がせることが大事。

1on1を継続させるポイント

1on1を継続させるポイント①

部下に1on1を主催してもらう

1on1ミーティングが部下にとって意味のあるものであれば、必然的に1on1ミーティングは継続していきます。**そのためには、部下を当事者にしていく必要があります**。具体的には、部下に上司のスケジューリングをしてもらい、話すテーマや内容を用意させて、終わりにはメモを共有してもらうのです。いわば部下が1on1を主催するのです。そうすることで、部下は上司を活用するようになります。元グーグルで人材育成に携わったピョートル・フェリークス・グジバチ氏はその著書で、「上司の使い方」を部下に提示することの重要性を説いています。1on1のときに、どのような資料や内容を持ってきてほしいかを「How to use me」という「自分の取扱説明書」に書いて、**部下に自分をうまく活用させるように育成していくのです**。ただし、注意点として部下に任せっきりではなく、上司は上司で1on1の活用の仕方を常に考えていく必要があります。時期としては、1on1を始めて半年以降を目安にしていくと良いでしょう。

1on1を継続させるポイント②
定例以外でも1on1を行う

1on1ミーティングは、定期的に行うことが基本です。そうすることで、上司・部下ともに仕事のリズムがつくれます。しかし、状況によっては定例以外の時間で行った方がいいタイミングがあります。最も効果性の高いタイミングで1on1を行うことで、部下にとって有益で必要なものになっていきます。

定例以外で行うと効果的なシチュエーションは以下になります。

❖ **怒った後**

怒った後に1on1で上司の真意を伝えたり、部下自身がどう考えているかをヒアリングする。

❖ **ほめた後**

ほめた理由を話すことで、部下は深いレベルまで2回ほめられることになり、ほめられた行動について、再現する確率が高くなる。

❖ **会議の後**

会議中に全体に話した内容の理解度を確認したり、説明を加える。

❖ **表情が暗く元気のないとき**

周囲から見えている状態を伝えて、理由があれば確認する。

❖ **ミスや失敗をした後**

原因の認識と今後のアクションについての確認。叱るのではなく、励ましと今後行うことを明確にする。

❖評価の前

評価前の時期に、部下ががんばった点や評価してほしい点などをさらっとヒアリングしておく。

1on1を継続させるポイント③

1on1の「6つのレベル」で質の向上を楽しむ

1on1をずっと継続してうまくなってくると、果たして1on1ミーティング自体にどのような変化や成長が起こるのでしょうか? 長く1on1を行っている上司・部下のヒアリングを通じて見えてきた「1on1ミーティングの成長プロセス」を6つのレベルに分けることができました。

❖ **レベル1**

「コミュニケーション量の増加」によって、上司と部下の信頼関係がつくられる

❖ **レベル2**

「傾聴」を通して、部下理解が深まる。上司と部下の相互理解の深まり

❖ **レベル3**

「承認」を通して部下のモチベーションが向上する

❖ **レベル4**

「質問やフィードバック」を通して、部下が業務から「学びや気づき」を獲得する

❖ **レベル5**

「気づきや学び」をもとにして、部下が「新たな行動やチャレンジ」をする

❖レベル6
「チャレンジ」を通して、部下が成果への貢献感と能力の向上を自覚する

1on1をうまく活用している上司と部下のペアには、このようなレベルの向上が見られます。これらは、はっきりと分かれるものではありませんが、重なり合いながらもだんだんとレベルを上げていきます。お互いの信頼関係をつくりながら、部下の不安が解消されて動機づけられます。さらに業務での成功や失敗から学びを得て、それを生かしてチャレンジを行い、部下は成果と能力の向上を手に入れていくのです。

質が高くなくても、まずは実施回数を増やしていくこと。そうするとやがて質が高まり、成果への貢献を支援していく施策になるのだということです。いや、そうしていかないとビジネスの現場では、1on1は続いていかないでしょう。ですから、時々この1on1の「6つのレベル」を振り返って、今自分がどのレベルで1on1を行っているのかを確認して、自分と部下の成長を楽しんでほしいのです。まずは、レベル

2や3を大事にしながら、コツコツと続けていきましょう。

1on1を継続させるポイント④
部下を「しらけさせない」ことに気を配る

私が人事アドバイザーを務めるVOYAGE GROUPには組織風土を構築するコーポレートカルチャー室という専門の部署があり、会社の風土やカルチャーに関わるイベントや施策を担っています。担当室長である宮野氏いわく、**最も気をつけていることは、一つひとつの施策をいかに「しらけさせないか」ということだそうです**。

会社がつくって社員に強制していくアウトサイドインの施策では、社員の自発性が失われがちです。ですから、施策を行うときには強制をせず、推奨という形で進めることが多いのです。社員が自ら行ってくれるように「ダサくないか」「センスがいいか」ということにも気を配ります。

1on1ミーティングについてもそうでした。VOYAGE GROUPでも、上司と部下との1on1を最低月に1回の実施を奨励しています。人によっては、毎週30

分行っています。施策実施前の段階では、マネジャーと人事で少人数の意見交換会を何度も開催して、1on1を行う意義や想いの醸成をしました。施策実施の段階では、オフィス中央のフリースペースの机に、そっと自作の漫画を置いておくのです。漫画のストーリーは、主人公が目標達成のために仲間たちと1on1ミーティングを行って成長していくというものです。最初は言いたいことだけ言っている主人公が、だんだんと仲間達を成長させるうまい1on1を実施していきます。目を引くのでつい読んでしまい、社内の「口コミ」で、いつのまにか1on1の存在や重要性が認知されていきました。今の若者世代は漫画から多くを学びます。そういった響くツールにコンテンツをのせていくのです。そして実施後には、年2回行われる「従業員満足度調査」で、1on1が実際に行われているのか？　機能しているのか？　という内容を収集して改善を図る仕組みをつくっています。

かくして、1on1は会社で最も大事なコミュニケーション手段の一つになり、会社のカルチャーを支えていっています。**私がVOYAGE GROUPで学んだことは、会社が大事だと思うことを社員にどのように大事に行ってもらうか、そこに時間**

をかけてどう工夫をするかということです。やる内容（ＷＨＡＴ）を考えることも大事ですが、そのやり方（ＨＯＷ）の部分を徹底的に考えるのです。自分がマネジャーの立場であるならば、１ｏｎ１の場面で何のテーマでコミュニケーションするか、という内容（ＷＨＡＴ）もそうなのですが、どのように（ＨＯＷ）したら部下は１ｏｎ１を活用してくれるかということを部下目線で徹底的に考えて、その時間への動機づけを行うことを考えるということです。

1on1を継続させるポイント⑤

３つの心構えで１ｏｎ１に臨む

１ｏｎ１を継続させていくために最も大事と言えるのは、「自分の心構え」です。すべては自分の心から始まります。実施していく途中で、嫌なことや面倒なこと、逃げ出したくなることも出てくるでしょう。でもそれを乗り越えさせてくれるのは、最終的には「自分の心構え」です。自分の内側はぶれることのないように、１ｏｎ１実施にあたっての心構えをつくっていきましょう。ここでは１ｏｎ１が継続的に行えるための心構えを3つ挙げていきます。

① 5勝5敗で良いと思え

これは、1on1を実際にうまく活用しているVG社の小林直道さんからいただいた言葉です。**毎回完璧に、毎回充実した1on1にならなくてもいい、ということです。**理想を追い求めすぎて完璧主義になると、ストレスが溜まります。ストレスが溜まって上司がピリピリと張り詰めていると、一緒にいる部下も緊張していきます。そうすると柔軟に話ができません。そうしないためには、自分がうまくいかなかったと思った1on1について「ダメだったー」と自分を責めたり部下を責めるのではなく、「うまくいかなかったなー」と、ただただ認識することが必要です。「良い」とか「ダメだ」だとかすぐに判断をして一喜一憂するのではなく、長い目で見て、部下が「良かったなー」というときと、「つまらないなー」というときが半々くらいで十分に効果があると思う心の構えでどっしりといましょう。そうすると自分の状態が良くなって、相手を受け止められるようになり、結果満足度も高まり、1on1を継続していけるようになります。

② カッコつけない

上司は常に模範であらねばならない、とカッコつけていると、自分が疲れて長続きしません。また、自分が良いことを言いすぎると、部下が愚痴や本音を言えなくなります。さらに、相手を良くしようとしすぎると誘導になって、部下が違和感を覚えます。部下は、上司に聞いてもらった体で説得された感じが残ります。そうすると、一緒に歩む感じがなくなり、部下も1on1にネガティブになり、お互いにつらくなります。

上司がカッコつけずに部下と対等な目線で接して、時に部下や周囲にも甘えましょう。自分で解決が無理だと思ったら、人に聞くとか本を紹介するなど自分以外のリソースを活用することを考えます。1on1は2人でつくりあげていくものと認識しましょう。

③「正しい」ではなく「楽しい」を目指す

1on1におけるマネジャーの仕事は、部下が安心して話ができる「場」づくりです。特に部下が本音を言える場をつくらなければなりません。そのためには、普段は言えないその人の奥深くにある感情に触れなくてはなりません。

しかし、私たちは普段会社で、「感情を出す」ことを求められません。「好きか嫌いか？」よりも「正しいか間違っているか？」を求められます。「好き嫌いで仕事するんじゃない」「仕事に私情を持ち込むな」と教えられてきました。確かにそういう側面はありますが、人間そんなに割り切れません。時には、「私はこれが嫌なんです」という愚痴も聞いてすっきりさせることも必要です。

本書を手に取るような方は、おそらく真剣に部下育成のことを考えているマネジャーの方が多いでしょう。しかし、一生懸命になりすぎると「こうあるべき」という想いが強くなり、「正しい1on1」をしようと思うと堅い雰囲気になりやすいのです。はじめはとにかく、部下に1on1に悪いイメージを持たせないことが大切です。なぜなら、今までの「面談」に緊張や苦手イメージがあるからです。従来の「面談」とは違うな、という雰囲気をつくっていくことが最も大切ですので、**正しい1on1ではなく、笑いのこぼれる楽しい1on1を目指すことを心に留めておきましょう**。

おわりに

自分とも1on1ミーティングをしよう
――セルフ1on1のすすめ

1on1の場は、部下の「内省」の場でもあります。上司の問いかけによって、自分との対話を促します。これと同じように、セルフ1on1、つまり自分自身で内省をする習慣をつけましょう。これによって自分の考えや意見が生まれて自分自身が成長をしていくのです。あの世界的大ベストセラー『7つの習慣』の後に、著者であるコヴィー博士が世に送った著書『第8の習慣（効果から偉大へ）』のメインメッセージは、「自分自身のボイス（内面の声）を発見し、それぞれ自分のボイスを発見できるよう人を奮起させる」でした。人は外の声には耳を傾けますが、自分が本当に心から何をしたいのか、心からの声には耳を貸していない。これをするのがリーダーシップであると伝えています。

今、まさにマネジャーはこの内側の声を聴く習慣が必要なのだと思います。それが「セルフ1on1」です。セルフ1on1のやり方は人それぞれでよいと思います。ある種の瞑想のように頭の中で流れていくように対話してもよいでしょう。また、声を出しながら録音することも可能です。その際、椅子を二つ用意して、ポジションを変わりながら話をします。私は込み入った問題があるときにはこの方法を行います。自分の人格が変わるような感覚があり、とても効果的です。

このようにセルフ1on1で自分自身もケアして、通常の1on1ミーティングでは部下のケアもしていく。本書には非常に細かいことも記しました。もちろんすべてを行う必要はありません。自分自身でピンときたものをぜひ実践してほしいです。しかし、最後に私がお伝えしたいことは、こうした細かい一つひとつのやり方を丁寧に実践していくことが、一流の上司のあり方をつくっていくことだということです。

上司というのは、部下からいつも見られています。人格＝あり方を見られています。自分が部下の立場で上司を見るとき、厳しい目でジャッジしている自分に気がつくのではないでしょうか？　もっと言えば、自社の社長や議員や総理大臣など「偉い人」を思うとき、厳しい目でその人格を判断していないでしょうか。

「あり方＝人格」と「やり方＝スキル」は、氷山によく例えられます。やり方は本書で記したように「見える（可視できる）」ものです。しかし、その下にはどっしりとやり方を支えるあり方があります。これは海面に沈んでいるので直接は見えません。本書の真の目的はこの見えないあり方をつくっていくことです。

なぜなら、マネジャーである時期は人間的にも非常に成長する時期だからです。この役割を良い機会として、自分の人間としての成長に生かしてほしいと思っています。しかし、あり方＝人格をつくりましょう、と言ってもなかなかピンときません。そこで、やり方＝スキルをうまく活用するのです。例えば「雑談には4つのレベルがあって、得られる効果がそれぞれ違います」というのはやり方です。しかし、これを正確にできるようになることよりも、「へー、そんなのがあるんだー、ちょっとやってみよう」と試して、部下のことをよく知ろうとする姿勢そのものがあり方＝人格をつくっていくということなのです。

やり方＝スキルも書きましたが、細かいことはさておき、まずはこの本をご覧になられたことをきっかけに、1on1ミーティングを実践していただけたらこんなに嬉しいことはありません。マネジャーはとても大変でやりがいのある立場です。役割を楽しみながら、自己成長につなげていってほしいと思います。そんなマネジャーをこれからもずっと応援していきたいと思います。

また、今世界を席巻するシリコンバレー企業、その組織力の強さの秘密は1on1での対話にあると私は思っています。この1on1ミーティングを通じて日本から素晴らしい企業が世界で活躍していくことを願ってやみません。

本書は多くの企業・個人の方にご協力いただき出版することができました。何度もヒアリングさせていただいたり、直接1on1ミーティングの場に同席させてもいただきました。本来、個別に名前をあげて感謝申し上げるところですが、人数も多いため、ここにご協力くださったすべての方に深く感謝申し上げます。

最後までお読みいただき本当にありがとうございました。

1on1ミーティング質問・伝え方例一覧

1. プライベート相互理解
2. 心身の健康チェック
3. モチベーションアップ
4. 業務・組織課題の改善
5. 目標設定／評価
6. 能力開発／キャリア支援
7. 戦略・方針の伝達
8. まとめとアクションプラン

※質問の言いまわしは、相手との関係性によって変えてください。

1．プライベート相互理解

▼レベル1

□実家ってどこでしたっけ？

□今どの辺りに住んでいるんですか？

□何人兄弟なんですか？

□学生時代に一番どんなことをやってたんですか？

□今、趣味とかはまっていることって何ですか？

□週末はどんなことをしてることが多いのかな？

□食べ物の好き嫌いってありますか？

▼レベル2

□小さい頃はどんなことが好きだったんですか？

□仕事以外で、つらかったことってあります？

□尊敬する人っていますか？

□将来的に何をやりたいとか、どうなっていたいんですか？

□モチベーションが上がることをたくさん挙げてみて？

□仕事する上で好きなタイプの人と苦手なタイプの人ってどんな人かな？

2．心身の健康チェック

1．健康

□「最近眠れてますか？　体調は大丈夫？」

2．仕事量

□「仕事のボリュームは問題なさそうかな？　やり切れているだろうか？」

□「今何時くらいに帰っている？　家でもやってない？」

3．環境

□「今、社内で何か気になることとかある？」

□「周りの人とは特に問題なくやれてる？」

3. モチベーションアップ

▼マイナス面を最小化すること（聴ききる）

□いろいろあると思うけれど、特にどれが気にかかってるのだろう？
□具体的にはどういうことかな？
□もう少し詳しく教えてもらっていいかな？
□他にはどんなことがあるのだろう？

▼プラス面を最大化すること（承認・ほめる）

□先日の○○は素晴らしかったね。ちょっと感動したよ。
□○○についてしっかりできているね。いいね。
□○○について評判いいね。□□さんが絶賛してたよ。
□○○をしてくれてありがとう。とても助かったよ。

4. 業務・組織課題の改善

▼現状業務の把握

□今のポイントを教えてください。

□今の業務で関わっている人はどんな人？

□うまく進んでいると思うけれど、今後もし懸念があるとするとどういうところ？

□もう少し任せてほしいなどの要望はあるだろうか？

▼現状業務の改善

□今の業務で困っていることって何かある？

□今の業務で難しいことってどんなことなの？

□今の業務に何があったら、もっとうまくできたり、精度が上がると思う？

□今の業務について、何か私にこうしてほしいなどリクエストある？

▼視点をチームに広げる

□今のチームの良いところと課題って何があると思う？

□もっとチームを良くするために何ができるだろう？

□○○さんから見て今のチームメンバーって力を発揮できていると思う？

□最近、調子いいなと思う人とか、大丈夫かな？って気になる人とかいる？

▼事業や組織の未来についての質問

□ビジネス環境が変化してるって言われてるけど、今現場の肌感としてはどう？
□最近の売上の傾向から、今後の市場や自社サービスはどうなっていくと思う？
□目的のために、今後うちのチームはどんなことに取り組んでいくべきだと思う？
□この市場環境の変化に対して、○○さん自身考えていることや取り組みたいな、と思っていることって何かある？

5. 目標設定／評価

▼目標設定

□次の評価期間で目標にしたいことを教えてください。
□この目標になった背景は想像できるでしょうか？
□この目標が全体のどこにつながっているかわかるでしょうか？
□この目標を達成することで、○○さんは何が得られるでしょうか？
□この目標をやらないことで、○○さんが失うものは何でしょうか？

□これを達成していく上で武器になるものは何があるんでしょうか？
□これを達成していく上で、効率化できることは何があるんでしょうか？

▼評価

□この評価期間において、自分に評価をつけると10点満点で何点ですか？
□点数の理由は何でしょうか？（その心は？）
□この評価期間で残した結果について教えてください。
□結果について、できた（できなかった）要因をどのように分析しますか？
□なぜ達成できた（できなかった）のでしょうか？
□この評価期間で、特に意識してがんばったことや工夫したことは何でしょう。
□この評価期間で、スキルや能力面で伸びたと思うところを教えてください。

6. 能力開発／キャリア支援

▼能力開発

□今期に意識づけたい自分の能力開発のテーマって何だろう？

それに関してこの1か月で取り組んだこととかある？
それに関して難しいところってどんなところ？

□この1か月の業務で一番力を入れた業務って何でしょうか？
それについて自分が学べたことや気づいたところってどんなところ？

□私や他のメンバーへのリクエストとかある？　サポートしてほしいことなど。

□○○さんのパフォーマンスだと今の業務は退屈じゃないかな？

□今、課の戦略方針を考えてるんだけど、ちょっと相談にのってもらえるかな？

▼強み、弱みの確認

□自分の今の強みは何だと思う？

□自分の今の弱みは何だと思う？

□今の業務に強みを活かすとどういうことができるかな？

□今の業務でのやりがいって何？

□業務をする上で大事にしていることを3つ言うと何かな？

▼将来キャリアについて

□キャリアの方向性とかやりたいことは変わってない？

□今後、部署・チームに対してどういう貢献をしていきたいですか？

□将来的に関わりたい仕事やキャリアの方向性があれば教えてください。

□どんなふうに人としてはありたいの？

□突き詰めると、これからどういう能力を伸ばしていきたいですか？

7. 戦略・方針の伝達

◆逆ホウレンソウ（伝え方例）

▼決定事項

□「今回の会議で、結論から言うと○○が決まったんだよね」

▼それに至るプロセス

□「そもそも何でこういう結論に至ったかと言うと……」

□「背景としては～」

□「ということで、今回○○を導入することになりました」

▼上司のメッセージ（今後のアクション）

□「ですので、○○さんにはこういうことを行っていってほしいんです」

8．まとめとアクションプラン

□今日話してみて一番印象に残っているのは？

□今日話したことで一番覚えておきたいことは？

□今日の話を自分の言葉でまとめると？

□次回に向けて何をチャレンジする？

□5W1Hの確認（いつから？　どこで？　誰が？　何を？　なぜ？　どうやって？）

□それを達成するために、私に何かできることはある？

【著者紹介】

世古　詞一（せこ・のりかず）

◉——1973年生まれ。千葉県出身。組織人事コンサルタント。月１回30分の1on1ミーティングで組織変革を行う1on1マネジメントのプロフェッショナル。

◉——早稲田大学政治経済学部卒。株式会社サーバントコーチ代表取締役。株式会社VOYAGE GROUPフェロー。Great Place to Work® Institute Japanによる「働きがいのある会社」2015、2016、2017中規模部門第１位の株式会社VOYAGE GROUPの創業期より参画。営業本部長、人事本部長、子会社役員を務め2008年独立。

◉——コーチング、エニアグラム、NLP、MBTI、EQ、ポジティブ心理学、マインドフルネス、催眠療法など、10以上の心理メソッドのマスタリー。個人の意識変革から、組織全体の改革までのサポートを行う。クライアントは、一部上場企業から五輪・プロ野球選手など一流アスリートまでと幅広く、コーチ・コンサルタントとして様々な人の人生とキャリアの充実、目標実現をサポートしている。趣味は料理と身体を鍛えること。

シリコンバレー式《しき》　最強《さいきょう》の育《そだ》て方《かた》
——人材《じんざい》マネジメントの新《あたら》しい常識《じょうしき》　1on1《ワンオンワン》ミーティング

〈検印廃止〉

2017年９月11日　　第１刷発行
2017年10月23日　　第３刷発行

著　者——世古　詞一
発行者——齊藤　龍男
発行所——株式会社かんき出版
東京都千代田区麹町4-1-4 西脇ビル　〒102-0083
電話　営業部：03(3262)8011㈹　編集部：03(3262)8012㈹
FAX　03(3234)4421　　振替　00100-2-62304
http://www.kanki-pub.co.jp/

印刷所——シナノ書籍印刷株式会社

 ISBN978-4-7612-7286-9 C0030